Die Weisheit der

EDELSTEINE UND KRISTALLE

JUDY HALL

Die Weisheit der

EDELSTEINE UND KRISTALLE

Urania

DANK

Die Mitarbeiter von Earthworks, vor allem Steve und Jacquie, haben ihre Zeit und Ihre Fachkunde großzügig mit mir geteilt und viele in diesem Buch erwähnten Steine zur Verfügung gestellt. Dafür und für vieles, vieles mehr danke ich euch. Ich bedanke mich auch bei Pat Goodenough, Barbara Reeve, Trudi Green und Jan Ross, die mir viele meiner Kristallfreunde vorgestellt haben.

Design für Godsfield Press von
The Bridgewater Book Company

Fotos Guy Ryecart
Illustrationen Nicola Evans (*78–85*),
Sharon Harmer (*10, 15, 93*),
Andrew Kulman (*29, 33, 41, 49*),
Catherine McIntyre (*6, 20, 26, 46, 56, 60, 62, 76, 86*)
Diagramme Kate Nardoni, MTG (*31, 78–85*)

Weitere Danksagungen und Bildnachweise *siehe Seite 128*.

1. Auflage 2001
ISBN 3-908653-32-0

Aus dem Englischen übersetzt von Martin Rometsch

Einband: Christian Stalter, Freiburg im Breisgau,
unter Verwendung von Illustrationen aus dem Innenteil des Buches
Satz: Fotosatz Reinhard Amann, Aichstetten
Druck und Bindung in China

Inhalt

Chearraidh
Monadh Beag
An Dunan
Maol

1 Mit Kristallen leben

Kristalle werden seit Jahrtausenden zum Heilen, als Amulette und als Schmuck benutzt. Bernstein war wohl der erste Schmuckkristall. Man findet ihn als Achat in Ablagerungen aus der Steinzeit. In der Jungsteinzeit gab man den Toten polierte Kristallspiegel (damit sie in die Zukunft schauen konnten) und Perlen mit ins Grab. Kristalle waren heilige Gaben der Mutter Erde. Später trugen Priester, Medizinmänner, Herrscher und Schamanen mächtige Edelsteine als Symbole ihrer spirituellen und weltlichen Autorität.

Im Buch Moses befiehlt Gott den Juden, einen Brustpanzer aus 12 Edelsteinen zu machen. Er wurde auf dem Herzen getragen und schützte den Hohepriester.

Kristalle wie Karneol, Achat und Lapislazuli werden seit Urzeiten benutzt, um zu schmücken, zu heilen, zu schützen und Unheil abzuwehren.

Die ägyptischen Herrscher wurden mit Edelsteinen begraben, die sie in die andere Welt führen sollten. Ihre Amulette bestanden aus Lapislazuli, Türkis, Karneol und Quarz. Auch die Lebenden trugen Amulette, Talismane und Glücksbringer.

In Indien zählte ein Sanskrit-Dokument 400 v. Chr. die astrologischen Eigenschaften der Edelsteine auf. Auch heute noch empfehlen indische Astrologen Kristalle, um Unglück abzuwehren.

In der alten Welt, in Amerika, im Westen und im Orient schätzte man Schönheit, Seltenheit und Vielfalt der Edelsteine. Manche Steine reisten auf den alten Handelsstraßen in alle Welt. Viele wurden gemahlen und als Arznei verwendet, in Ägypten ebenso wie in Südamerika und China. Kristalle gelten seit langem als Objekte der Schönheit und Macht – auch heute noch.

Kristalle in der modernen Welt

Kristalle verlieren nie an Faszination und Wert. Heute noch begeben Menschen sich in große Gefahr, um Edelsteine aus den Tiefen der Erde zu holen. Wegen ihrer Schönheit, Vielseitigkeit und Macht benutzen wir sie als Schmuck, in der Industrie und in der Medizin. Edle Steine sind teuer, aber auch weniger prächtige Kristalle haben starke Wirkungen, vor allem als Heilsteine.

RECHTS *Diese kunstvolle Krone gehört zu den britischen Kronjuwelen. Englische Könige und Königinnen werden seit mindestens tausend Jahren mit solchen Symbolen der Autorität gekrönt.*

UNTEN *Dank ihrer Schönheit können wir uns mit Kristallen schmücken. Wir können sie aber auch nach bestimmten Eigenschaften auswählen.*

JUWELEN AUS KRISTALL

Überall auf der Welt schmücken Menschen sich mit Juwelen. Sie kennen die Eigenschaften der Steine oft nicht, aber sie fühlen sich wohl, wenn sie Kristalle tragen. Jeder hat seinen Lieblingsstein, vielleicht das Geschenk des Geliebten, eine Erinnerung an die Kindheit oder ein Erbstück. Juwelen überqueren kulturelle Grenzen und symbolisieren Wohlstand. Die Frauen der Naturvölker sind Seelengefährtinnen der westlichen Frauen, denn alle lieben sie edle Steine.

KRISTALLE UND LIEBE

Kristalle sind Symbole der Treue. Liebende demonstrieren mit ihnen ihre Einheit, und die Steine haben ihre eigene Sprache. Manche bedeuten Treue, andere reine Liebe. Wenn wir einen Stein aussuchen, der jene Eigenschaften symbolisiert, die unsere Beziehung braucht, schenkt er uns oft genau diese Attribute. Kristalle können die Liebe beleben, Seelengefährten anlocken und gebrochene Herzen heilen.

KRISTALLE UND AUTORITÄT

Kristalle wurden immer dazu benutzt, Autorität zu betonen. Sie sind Symbole der Macht, des Ranges und der Privilegien. Obwohl die Bedeutung der Kristalle meist vergessen ist, gibt es in manchen Ländern noch Kronjuwelen oder Insignien, die nicht nur Majestät symbolisieren, sondern auch die Macht der Steine auf den Besitzer übertragen.

Zum Einstimmen halten Sie den Kristall in der Hand und betrachten ihn. Fühlen Sie seine Textur und sein Gewicht. Lassen Sie Farbe und Form zu sich sprechen. Schließen Sie die Augen, und lauschen Sie dem Kristall mit dem inneren Ohr. Wenn Sie sich dabei wohl fühlen, ist der Kristall der Richtige. Wenn nicht, sollten Sie sich über seine Eigenschaften informieren – vielleicht sagt er etwas, was Sie derzeit noch nicht hören wollen. Kommen Sie später auf ihn zurück.

Sie können auch in ein Kristallgeschäft gehen, wenn Sie müde oder verletzlich sind. Dann wird eine bestimmte Farbe Sie anziehen. Berühren Sie die Steine. Der richtige fühlt sich gut an und tröstet Sie. Dieser Stein hat heilende Kräfte.

DER ABSSCHIED

Eines Tages will Ihr Kristall sich möglicherweise von Ihnen trennen. Kristalle haben eine Persönlichkeit; sie sind wie eigenwillige Freunde. Sie tun ihre Arbeit, bleiben eine Weile und gehen dann weiter. Vielleicht verlieren Sie den Kristall oder spüren den Drang, ihn zu verschenken. Kristalle wollen weitergehen, das ist ihre Natur. Halten Sie einen Kristall also nicht fest. Bald wird ein neuer Sie finden.

Bevor Sie einen Kristall hergeben, sollten Sie ihn reinigen und Ihrem Freund zeigen, wie man den Stein nach seinen Bedürfnissen programmiert.

OBEN *Eines Tages will Ihr Kristall Sie verlassen. Geben Sie ihn einem Freund, damit auch er von ihm profitiert.*

GELBER TURMALIN

BLAUER SAPHIR

GRÜNER ACHAT

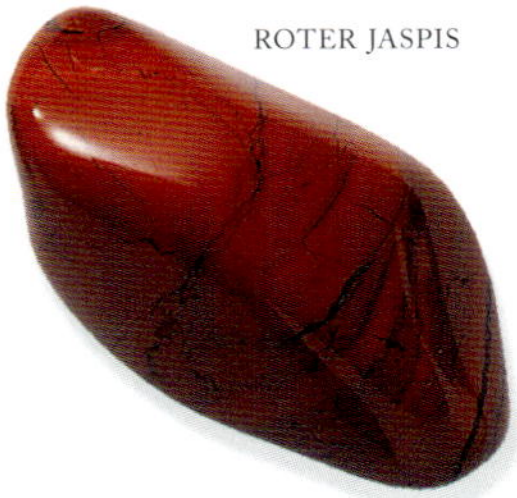

ROTER JASPIS

Kristalle reinigen

Kristalle absorbieren und senden Energien aus. Das heißt, dass Kristalle negative Energien „schlucken", während sie in der Erde lagern, transportiert oder zum Kauf angeboten werden. Neu gekaufte Kristalle sollten gereinigt werden.

UNTEN *Rauchquarz absorbiert negative Energie besonders leicht. Darum muss man ihn regelmäßig reinigen, vor allem, wenn er dem Heilen dient.*

KRISTALLE REINIGEN

Kristalle nehmen Energie aus der Umgebung auf. Wenn Sie einen Kristall kaufen, ist er also von jedem „geprägt" worden, der ihn berührt hat. Auch zu Hause absorbieren Kristalle Energie, und für Schmuckkristalle gilt das Gleiche. Manche Steine können Energie abwehren und dienen daher der Heilung und dem Schutz vor negativen Kräften. Andere können Schwingungen verändern und Seelengefährten oder Wohlstand anziehen. Hat ein Kristall negative Energie aufgenommen, kann er sie auch wieder abgeben. Darum sollten Sie Ihre Kristalle regelmäßig reinigen, und zwar täglich oder nach Gebrauch, wenn sie zum Heilen benutzt werden, und wöchentlich oder monatlich, wenn es Schmucksteine sind.

EIN REINIGUNGSRITUAL

Es gibt viele Methoden, um Kristalle zu reinigen. Manche dauern Stunden, andere nur eine oder zwei Minuten. Einige Verfahren eignen sich besser für bestimmte Steine. Weiche oder brüchige Kristalle sollten Sie zum Beispiel nicht in Wasser tauchen, und polierte Steine bekommen leicht Kratzer.

Stellen Sie sich beim Reinigen vor, dass negative Energie in positive umgewandelt wird und der Kristall neue, positive Energie aufnimmt.

Die Kräfte der Natur – Sonne, Mond, Wasser, Pflanzen usw. – können negative oder stagnierende Energie beseitigen. Wählen Sie die Methode, die für Ihren Kristall am besten ist und zu Ihrem Werkzeug passt.

REINIGEN MIT WASSER

SALZWASSER

Die meisten Kristalle liegen gern eine Stunde im Meer (kleine Steine legen Sie vorher in einen Maschenbeutel, damit sie nicht verloren gehen). Danach spült man sie mit sauberem Wasser ab und lässt sie in der Sonne trocknen und Energie tanken. Eine Hand voll Meersalz, in Wasser gelöst, erfüllt den gleichen Zweck.

FLIESSENDES WASSER

Ein Kristall nimmt schnell reine Energie auf, wenn Sie ihn unter einen Wasserfall, in einen Bach oder unter den Wasserhahn halten. Lassen Sie ihn in der Sonne trocknen.

OBEN *Manche Kristalle harmonieren mit der Energie der Sonne, vor allem gelbe, orangefarbene und rote Steine. Andere, zum Beispiel weiße Steine, schätzen die sanfte Energie des Mondes.*

RECHTS *Für Kristalle gibt es Reinigungssprays zu kaufen. Ein paar Tropfen eines speziellen Flüssigreinigers in Wasser, erfüllen den gleichen Zweck.*

Räuchern

Zünden Sie ein Räucherstäbchen an (Salbei, Zeder, Süßgras oder Weihrauch), und halten Sie den Kristall in den Rauch, oder wedeln Sie den Rauch mit einer Feder über den Stein.

Reinigen mit Quarztrauben

Legen Sie den Kristall etwa 12 Stunden auf eine große Quarztraube oder auf einen anderen Kristall. Steine, die mit dem Mond harmonieren, können Sie ins Mondlicht legen. Andere ziehen die Sonne vor.

Visualisieren

Sehen Sie mit den geistigen Augen eine Säule aus reinem weißem oder goldenem Licht, das vom Himmel strömt und den Kristall einhüllt und reinigt. Halten Sie dieses Bild fest, bis die Energie des Steines wieder klar wird.

Reinigungsmittel

Am einfachsten reinigen Sie Kristalle mit speziellen Reinigungsmitteln (z. B. „Crystal Clear"). Ein paar Tropfen im Spülwasser oder in einem Spray beseitigen negative Energie und laden den Kristall wieder auf. Feiner Spray schadet auch empfindlichen oder zerbrechlichen Kristallen nicht.

Salz

Empfindliche und zerbrechliche Steine, denen Wasser schadet, können Sie einige Stunden in Salz oder Steinsalz legen, um sie zu reinigen.

RECHTS *Quarz reinigt andere Kristalle. Hier wird klarer Quarz benutzt, aber auch Rauchquarz oder Amethyst ist geeignet.*

Kristalle programmieren

Sie müssen einen Kristall programmieren, damit er Ihr Kristall wird. Das bedeutet, dass Sie seine Energie auf Ihre Energie und Ihre Wünsche abstimmen. Nur dann gibt der Stein Ihnen das, was Sie haben wollen. Vorher ist jedoch eine Art Weihe üblich.

CHRYSOPRAS

TIGERAUGE

OBEN *Wenn Sie einen Kristall tragen wollen, müssen Sie ihn zuerst programmieren, damit er seinen Zweck erfüllt. Vergessen Sie auch nicht, ihn regelmäßig zu reinigen.*

DIE WEIHE DES KRISTALLS

Wenn Sie einen neuen Kristall bekommen haben, können Sie ihn sofort nach dem Reinigen weihen. Dadurch wird er erheblich wirksamer. Sie bekräftigen dabei, dass Sie den Stein zum Wohle aller Menschen benutzen wollen.

Halten Sie den Kristall in der Hand, visualisieren Sie ein Licht, das ihn einhüllt, und nehmen Sie sich fest vor, ihn nur für positive Zwecke zu benutzen.

Danach können Sie den Kristall entweder sofort programmieren oder ihn im Sonnen- oder Mondlicht mit Energie laden.

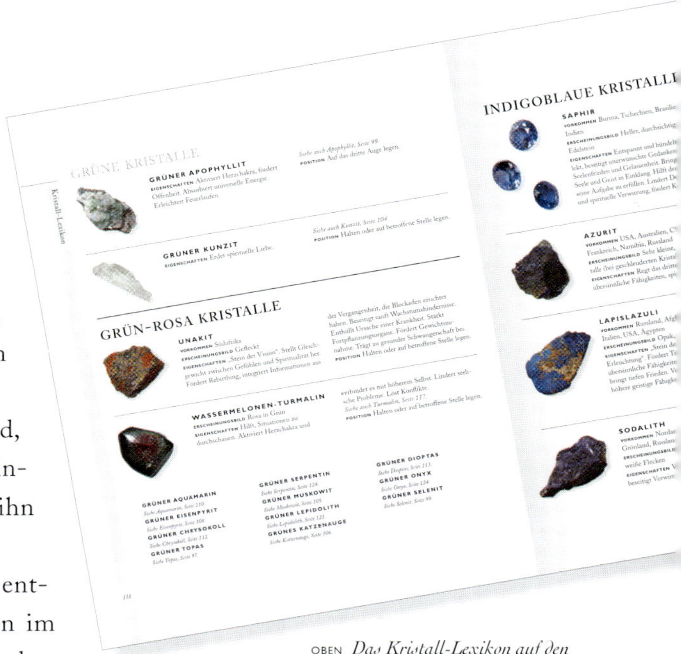

Kristall-Lexikon

GRÜNE KRISTALLE

GRÜNER APOPHYLLIT
EIGENSCHAFTEN Aktiviert Herzchakra, fördert Offenheit. Absorbiert universelle Energie. Erleichtert Feuerlaufen.
Siehe auch Apophyllit, Seite 99.
POSITION Auf das dritte Auge legen.

GRÜNER KUNZIT
EIGENSCHAFTEN Erdet spirituelle Liebe.
Siehe auch Kunzit, Seite 104.
POSITION Halten oder auf betroffene Stelle legen.

GRÜN-ROSA KRISTALLE

UNAKIT
VORKOMMEN Südafrika
ERSCHEINUNGSBILD Gefleckt
EIGENSCHAFTEN „Stein der Vision". Stellt Gleichgewicht zwischen Gefühlen und Spiritualität her. Fördert Rebirthing, integriert Informationen aus der Vergangenheit, die Blockaden errichtet haben. Beseitigt sanft Wachstumshindernisse. Enthüllt Ursache einer Krankheit. Stärkt Fortpflanzungsorgane. Fördert Gewichtszunahme. Trägt zu gesunder Schwangerschaft bei.
POSITION Halten oder auf betroffene Stelle legen.

WASSERMELONEN-TURMALIN
ERSCHEINUNGSBILD Rosa in Grün
EIGENSCHAFTEN Hilft, Situationen zu durchschauen. Aktiviert Herzchakra und verbindet es mit höherem Selbst. Lindert seelische Probleme. Löst Konflikte.
Siehe auch Turmalin, Seite 117.
POSITION Halten oder auf betroffene Stelle legen.

GRÜNER AQUAMARIN
Siehe Aquamarin, Seite 110.
GRÜNER EISENPYRIT
Siehe Eisenpyrit, Seite 108.
GRÜNER CHRYSOKOLL
Siehe Chrysokoll, Seite 112.
GRÜNER TOPAS
Siehe Topas, Seite 97.

GRÜNER SERPENTIN
Siehe Serpentin, Seite 124.
GRÜNER MUSKOWIT
Siehe Muskowit, Seite 105.
GRÜNER LEPIDOLITH
Siehe Lepidolith, Seite 121.
GRÜNES KATZENAUGE
Siehe Katzenauge, Seite 106.

GRÜNER DIOPTAS
Siehe Dioptas, Seite 113.
GRÜNER ONYX
Siehe Onyx, Seite 124.
GRÜNER SELENIT
Siehe Selenit, Seite 99.

118

INDIGOBLAUE KRISTALLE

SAPHIR

AZURIT

LAPISLAZULI

SODALITH

OBEN *Das Kristall-Lexikon auf den Seiten 94–125 hilft Ihnen, genau den richtigen für Ihre Zwecke auszuwählen.*

DAS PROGRAMMIEREN

Sie können Kristalle für viele Zwecke programmieren, je nachdem, ob Sie sich Frieden, Liebe, Schutz oder Wohlstand wünschen oder sich selbst oder andere heilen wollen (im letzteren Fall muss der Betroffene einverstanden sein). Ein Kristall kann auch Ihr Heim oder Ihren Arbeitsplatz verschönern oder Ihnen Kontakt mit Engeln vermitteln. Wichtig ist, dass Sie die Programmierung gut planen und sich dabei konzentrieren. Vage Formulierungen verwirren die Kristallenergie, präzise Worte bündeln sie.

Wählen Sie einen Kristall, der zu Ihrer Absicht passt (das Lexikon auf Seite 94–125 hilft Ihnen dabei). Wenn es Ihnen um Ruhe und Frieden geht oder wenn Sie meditieren und Stress abbauen wollen, dürfte ein beruhigender grüner Stein geeignet sein. Wenn Sie mehr Energie und rasche Erfolge anstreben, ist ein roter Kristall eine gute Wahl. Falls Rot Ihnen zu stark ist, nehmen Sie einen sanfteren gelben oder orangefarbenen Stein.

Wenn Sie Ihr Anliegen präzise formuliert haben, nehmen Sie den Kristall in die Hän-

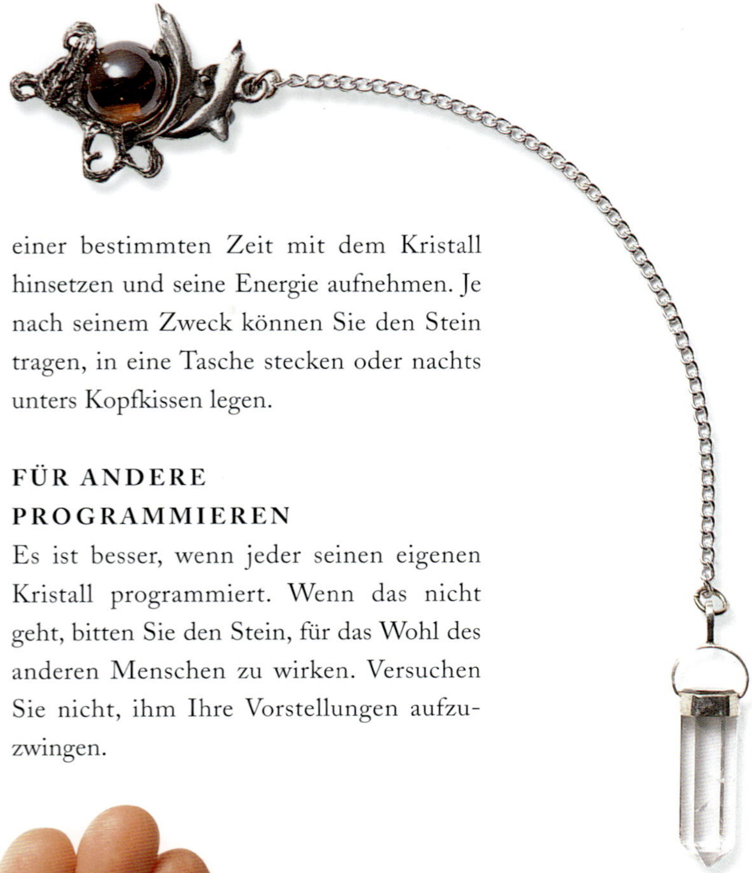

de. Setzen Sie sich still hin, und stimmen Sie sich auf die Energie des Steines ein. Lassen Sie sich von Ihrer Intuition leiten. Wenn Sie sich in Harmonie mit dem Kristall fühlen, sprechen Sie Ihren Wunsch klar und bestimmt aus. Sie können Ihre Worte mehrere Male wiederholen, um sie im Kristall zu verankern. Legen Sie den Stein weg, sobald Sie spüren, dass das Programmieren beendet ist. Ziehen Sie dann Ihre Energie von ihm ab, indem Sie sich anderen Dingen zuwenden.

Nach dem Programmieren können Sie sich jeden Tag zu einer bestimmten Zeit mit dem Kristall hinsetzen und seine Energie aufnehmen. Je nach seinem Zweck können Sie den Stein tragen, in eine Tasche stecken oder nachts unters Kopfkissen legen.

FÜR ANDERE PROGRAMMIEREN

Es ist besser, wenn jeder seinen eigenen Kristall programmiert. Wenn das nicht geht, bitten Sie den Stein, für das Wohl des anderen Menschen zu wirken. Versuchen Sie nicht, ihm Ihre Vorstellungen aufzuzwingen.

OBEN *Pendel kann man so weihen und programmieren, dass sie immer die Wahrheit sagen.*

RECHTS *Wenn Sie einen Kristall programmieren oder weihen, sollten Sie sich fest auf ihn konzentrieren und Ihr Anliegen klar und bestimmt formulieren.*

Die Schönheit der Kristalle

Kristalle haben viele Formen. Manche sind kubisch, andere spitz. Einige sind rund, andere flach. Es gibt körnige und durchsichtige, einfarbige und bunte Steine. Einerlei, wie sie aussehen, im Inneren haben sie eine stabile, regelmäßige Struktur: ein schönes, sich wiederholendes, dreidimensionales Gitterwerk aus uralten Atomen.

REGENBOGEN-OBSIDIAN

RECHTS *Obsidian entstand durch Hitze und Druck, als unterirdische vulkanische Masse abkühlte. Typisch ist sein „glasiges" Aussehen.*

UNTEN *Dieses enorme Stück Bernstein ist so lang wie der Unterarm eines Mannes. Streng genommen ist Bernstein kein Kristall, weil er aus verfestigtem Baumharz besteht. Wegen seiner Schönheit wird er aber seit Äonen teuer bezahlt.*

WAS IST EIN KRISTALL?

Kristalle werden tief im Schoß der Erde geboren. Ein Kristall ist eine Substanz, die sich in einer gesetzmäßigen geometrischen Form verfestigt hat. Genau genommen sind Kristalle große, klare Steine mit Facetten wie zum Beispiel ein Amethyst; aber wir können jeden Stein mit kristalliner Struktur als Kristall bezeichnen. Wenn er klare Facetten hat, die sich an einer Spitze treffen, nennt man ihn auch „Spitze".

Diese Struktur ist auf die Entstehung der Kristalle zurückzuführen. Vor Millionen von Jahren drangen extrem heiße Gase und mineralische Lösungen aus dem geschmolzenen Inneren der Erde an die Oberfläche. Sie kühlten ab, und die Atome bildeten regelmäßige Muster, dreidimensionale Gitterwerke, die den Stein stabilisierten. Kristalle gehören „Familien" an, zum Beispiel dem Quarz. Die Steine einer Familie haben bestimmte Eigenschaften gemeinsam.

Das Aussehen eines Kristalls hängt davon ab, bei welcher Temperatur und unter welchem Druck er geformt wurde, wie langsam er abkühlte und wie viel Platz er zum Wachsen hatte. Blasen im Magma oder ein Spalt schufen Raum für größere Kristalle. Harte, transparente Kristalle wie Diamanten sind unter hohem Druck und bei hoher Temperatur entstanden. Weichere Steine, etwa Calcit, bildeten sich bei geringerer Hitze. Bestimmte Kristalle schmolzen und formten sich mehrere Male.

Nicht alle Kristalle sind durchsichtig. Manchmal wird ihre Schönheit erst sichtbar, wenn man sie so schneidet, dass die Facetten Licht reflektieren. Die meisten Edelsteine gibt es auch als wolkige, weniger wertvolle Kristalle, die sich dennoch gut zum Heilen und Meditieren eignen. Einige Kristalle sind körnig und sehen wie gewöhnliche Steine aus, und einige wenige – zum Beispiel Obsidian, der aus vulkanischem Glas besteht, und Bernstein, das fossile Baumharz – haben eine unregelmäßige Struktur. Aber fast alle anderen Kristalle besitzen eine einzigartige kristalline Struktur. Viele kleine Steine in Geschäften wurden geschleudert, um sie zu polieren. Dabei ändert sich ihr Aussehen, nicht aber ihre Eigenschaft.

Die Form eines Kristalls legt fest, wie er Energie überträgt und dadurch seine Umwelt beeinflusst. Ein einzelner Kristall hat eine andere Wirkung als eine Traube oder Geode, selbst wenn es sich um gleiche Steine handelt.

AMBER

KRISTALLFORMEN

EIN LANGER, SPITZER KRISTALL

bündelt die Energie entlang einer Geraden. Er überträgt Energie oder absorbiert sie, je nachdem, wohin er zeigt. Kristallstäbe oder große, natürliche Kristalle benutzt man zum Heilen.

EIN KRISTALL MIT DOPPELSPITZE

strahlt Energie aus oder absorbiert sie. Solche Kristalle harmonisieren und integrieren den Geist und die Materie. Sie lösen alte Muster auf und lindern Süchte. Außerdem fördern sie die Telepathie.

GEODEN

sind runde, höhlenförmige Steine, die Energie streuen und speichern.

KRISTALLTRAUBEN

geben die Energie der Kristalle an die Umwelt ab und eignen sich gut dafür, einen Raum oder andere Kristalle zu reinigen.

EIFÖRMIGE KRISTALLE

kann man am Körper tragen, um Energieblockaden zu lösen. Das spitze Ende ist nützlich in der Akupunktur und in der Reflexologie.

NATÜRLICHE ODER GESCHLIFFENE KUGELN

geben ihre Energie in allen Richtungen gleichmäßig ab. Als „Fenster“ können sie die Energie einer anderen Zeit und eines anderen Ortes leiten.

WÜRFELFÖRMIGE KRISTALLE

erden Energie.

PYRAMIDENFÖRMIGE KRISTALLE

bündeln Energie scharf durch ihre Spitze.

2 Kristalle und Liebe

Kristalle werden seit Jahrtausenden verwendet, um Liebe auszudrücken und die Leidenschaft zu wecken. Viele Steine strahlen sanfte, romantische oder wilde, erotische Liebe aus. Kristalle können einen Seelengefährten anlocken und einer Beziehung neuen Schwung geben. Sie können Ihr Selbstgefühl verändern und Sie aufgeschlossener für die Liebe machen.

Man sagt, dass alles sich um die Liebe dreht – und Kristalle stimmen von ganzem Herzen zu! Man kann die Liebe spüren, die Rosenquarz, Rhodochrosit und Kunzit ausstrahlen. Sie öffnen das Herzchakra und wirken tröstend, wenn man sie über dem Herzen trägt. Ihre sanfte Energie hilft Ihnen, sich selbst zu lieben, und das ist die Voraussetzung, wenn Sie geliebt werden wollen.

Rosenquarz ist der vollkommene Herzstein. Er tröstet das Herz und zieht Liebe an.

Wenn Sie mehr Elan und Erotik schätzen, sind orangefarbene und rote Steine wie Karneol und Granat für Sie da. Verteilen Sie diese Steine im Schlafzimmer, und Sie werden die stimulierende Wirkung bald spüren! Wenn Gefühle da sind, aber wenig Leidenschaft, hilft der grüne Turmalin. Rosa Turmalin hilft Ihnen, Hemmungen zu überwinden, und zeigt Ihnen, dass Sie Ihrem Körper vertrauen und sich der Liebe öffnen können. Turmalin in der Farbe von Wassermelonen vereinigt all diese Eigenschaften.

Ein Bad mit Ihren Lieblingssteinen ist ein köstliches Erlebnis. Wählen Sie einen Kristall, der ausstrahlt, was Sie suchen: Leidenschaft, Romantik, Selbstliebe, Trost für das Herz. Reinigen Sie den Stein, und legen Sie ihn ins Wasser. Wenn Sie wollen, können Sie einige Tropfen Rosenöl hineinträufeln. Nehmen Sie ein langes, warmes Bad, und nehmen Sie die Energie in sich auf. Wenn Sie mit dem Partner baden – umso besser! Nachts legen Sie den Stein unter das Kopfkissen, um die Wirkung zu verstärken.

Einen Seelengefährten anziehen

Alle Menschen sehnen sich nach einem Seelengefährten, also nach einem Menschen, mit dem sie nicht nur Liebe, sondern auch ihre tiefsten Gedanken und Gefühle teilen können. Ein Kristall kann einen Seelengefährten anlocken. Tragen Sie den richtigen Stein bei sich, oder legen Sie ihn in Ihr Bett.

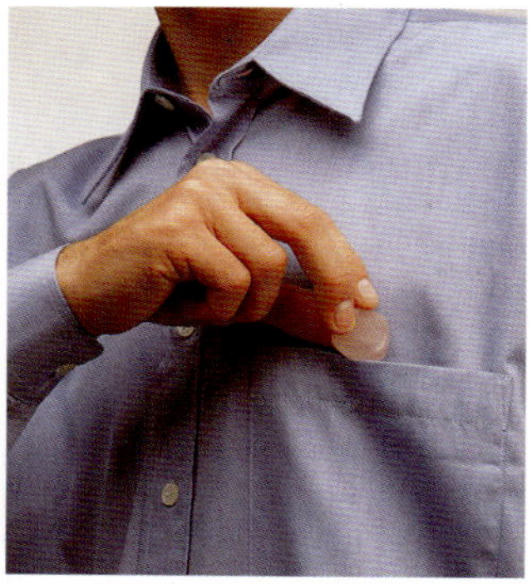

OBEN *Stecken Sie den richtigen Kristall in die Tasche, und er zieht einen Seelengefährten an.*

ROSENQUARTZ

OBEN UND RECHTS *Ein großer Rosenquarz lockt Verehrer rasch herbei. Er ist so wirksam, dass man ihn oft mit Amethyst dämpft, damit er nicht mehr als eine Liebe gleichzeitig anlockt.*

ROSENQUARZ

Rosenquarz, der Stein der bedingungslosen Liebe, ist hellrosa und durchscheinend. Er löst Blockaden sanft auf. Wenn Sie sich nicht selbst lieben können, bringt dieser mitfühlende Kristall Vergebung und Selbstakzeptanz. Wenn Sie sich lieben, können Sie auch einen Seelengefährten finden.

Ein großer Rosenquarz bringt sehr bald Liebe in Ihr Leben. Vielleicht rennen die Verehrer Ihnen sogar die Bude ein! Ein Amethyst neben ihm dämpft die Anziehungskraft.

AVENTURIN

Aventurin oder Glimmerquarz ist körnig und mit Hämatit gesprenkelt. Die Oberfläche ist trüb, aber sie funkelt. Grüner Aventurin aktiviert, befreit und schützt das Herz; er zieht Liebe an und stärkt das Einfühlungsvermögen. Ein wundervoller Stein für die reife Liebe!

AMETHYST

MAGNETIT

MAGNETIT

Dies ist ein dunkler, körniger Stein aus Magneteisen – darum zieht er Liebe an! In der alten Zeit stellten Männer mit ihm die Treue ihrer Frau auf die Probe. Sie legten ihn unter ihr Kopfkissen, und wenn er aus dem Bett fiel, war sie untreu.

RHODOCHROSIT

Dieser rosa, gelblich weiße oder orangefarbene Stein pulsiert vor Liebe. Wenn Sie mit ihm meditieren, kann er Sie mit Ihrer Dualseele verbinden.

DER SEELENKRISTALL

Dieser Stein besteht aus zwei klaren Kristallen, meist Quarz, die miteinander vereint sind. Mann nennt ihn auch „tantrischen Zwilling".

RHODOCHROSIT

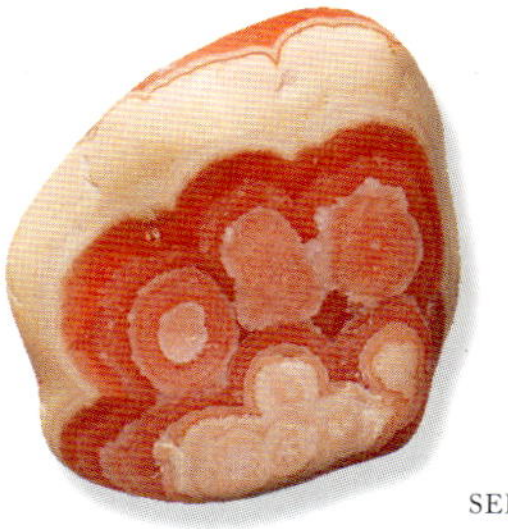

SEELEN-
KRISTALL

Kristalle heilen das Herz

Ein wundes Herz weckt Misstrauen gegen die Liebe. Sie ziehen sich zurück, selbst wenn Sie sich nach Liebe sehnen. Ein gebrochenes Herz ist eine schmerzliche Erfahrung, die Blockaden errichtet. Kristalle können diese Blockaden sanft beseitigen und die Wunden heilen. Legen Sie den Kristall auf das Herz, und warten Sie, bis er seine Wirkung entfaltet.

LAVENDELFARBENE JADE

Jade ist ein weicher, seifenförmiger Stein, den man als durchsichtigen Jadeit und als cremigen Nephrit bekommt. Lavendelfarbene Jade heilt Liebeskummer auf sanfte Weise und hilft Ihnen, Ihre innere Verletzlichkeit zu akzeptieren.

OBSIDIAN

Obsidian ist hartes, glänzendes, dunkles, vulkanisches Glas. Dieser Stein hilft Ihnen, sich von einer alten Liebe zu lösen und überholte Bindungen und Erinnerungen loszuwerden. Apachentränen, durchsichtige, vom Wasser geglättete schwarze Obsidiankiesel, sind „vergossene Tränen", die Schmerzen begreifbar machen. Auch der Regenbogen-Obsidian löst alte Bindungen und heilt die Wunden.

KUNZIT

Kunzit ist eine Varietät des Spodumens und besteht hauptsächlich aus Lithium. Rosa Kunzit aktiviert das Herzchakra, reinigt es und erfüllt es mit Frieden. Er beseitigt Gefühlsreste aus früheren Beziehungen und heilt gebrochene Herzen.

ACHAT

Der Achat gehört zur Familie der Chalcedone. Er hat Streifen und sieht ein wenig wächsern aus. In der Mitte ist er oft durchsichtig. Achat beseitigt Verbitterung und Zorn. Er stärkt die Liebe und bereitet den Weg für positive Beziehungen.

UNTEN *Regenbogen-Obsidian hilft Ihnen, sich von alten Bindungen zu lösen.*

ROSA ACHAT

LAVENDEL-JADE

KUNZIT

Beziehungen verbessern

Kristalle fördern gute Beziehungen. Sie ziehen Eigenschaften an, die uns fehlen, transformieren negative Energie und stärken die Liebe. Kristalle helfen uns, Konflikte zu bewältigen und aus einer gestörten Beziehung eine gesunde und glückliche zu machen. Am besten tragen Sie den Stein über Ihrem Herzen und legen ihn auch neben Ihr Bett.

UNTEN *Kristalle fördern die Harmonie in Beziehungen aller Art und stärken die Liebe zwischen Partnern und Angehörigen und Kindern.*

TÜRKIS

Der Türkis ist himmelblau bis grün; er vereinigt also Himmel und Erde. Man sagt, als Pfand der Freundschaft helfe er dem Empfänger. In einer Beziehung hilft uns der Türkis, andere Menschen besser zu verstehen.

GRÜNER TURMALIN

Der Turmalin ist lang und waagrecht gestreift. Grüner Turmalin verhilft Gefühlen zum Ausdruck, ebenso wie Kunzit. Er kann Ihnen außerdem helfen, ein Problem zu erkennen, zu analysieren und zu lösen.

OPAL

Der schöne, funkelnde Opal stärkt Liebe, Leidenschaft und Treue. Darum verwendet man ihn oft für Verlobungsringe. Er ist ein Stein, der auf Gefühle reagiert und eine Beziehung stabilisiert.

RUBIN

Der Rubin ist ein lebhaft roter, durchsichtiger Korund. Er begünstigt Romantik, Ehe, Integrität, Hingabe und Leidenschaft. Seine positive Energie hilft in allen Liebesdingen und steigert die Manneskraft.

SUGILITH (LUVULITH)

Sugilith ist tief purpurfarben und leicht gestreift. Er symbolisiert vollkommene spirituelle Liebe und hilft Ihnen zu verzeihen. In einer Beziehung schützt er Sie vor Enttäuschungen und beseitigt Feindseligkeit und Eifersucht.

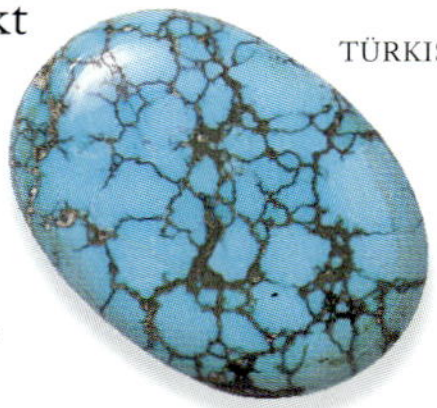

TÜRKIS

OPAL

SUGILITH

GRÜNER TURMALIN

ROTER JASPIS

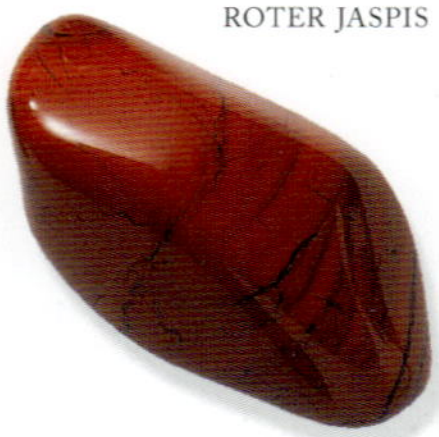

WASSERMELONEN-
TURMALIN

AMETHYST-
GEODE

SORDONYX

JASPIS

Der Jaspis ist ein opaker Chalcedon und kann Streifen oder Muster haben. Da er Energie verstärkt, kann er die sexuelle Lust verlängern. Roter Jaspis bringt Probleme ans Licht, bevor sie das Glück gefährden.

DIAMANT

Der Diamant besteht aus reinem Kohlenstoff und ist im Laufe von Jahrtausenden bei großer Hitze entstanden. Er ist einer der kostbarsten Edelsteine und wird traditionell für Verlobungsringe benutzt, weil er eine Beziehung festigt und die Liebe zwischen Eheleuten stärkt.

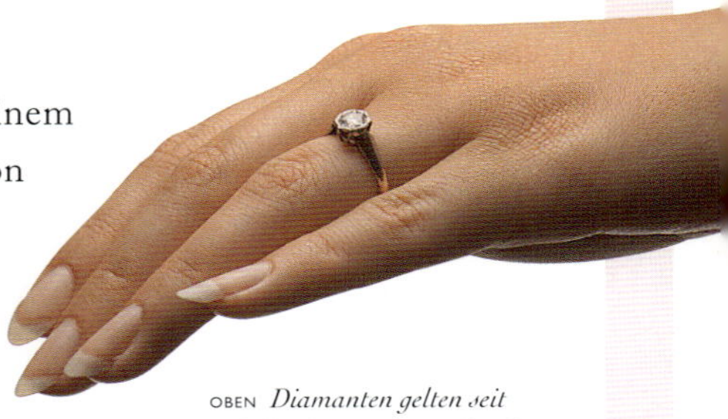

OBEN *Diamanten gelten seit Jahrhunderten als Zeichen der Treue.*

GEODEN

Eine Kristall-Geode, zum Beispiel Amethyst, sorgt für Freundschaft und Harmonie innerhalb einer Gruppe.

WASSERMELONEN-TURMALIN

Dieser Turmalin, dessen hellrosa Kern in einen grünen Mantel gehüllt ist, zeigt uns, dass Gegensätze harmonisch zusammenarbeiten können. Der Stein ist ein Problemlöser, während der grüne Turmalin die Liebe stärkt. Der Wassermelonen-Turmalin hilft Ihnen, Konflikte zu lösen.

SARDONYX

Wenn Sie dauerhaftes Glück suchen, kann der Sardonyx Ihnen helfen. Dieser gestreifte Onyx bringt Freude und Hingabe in eine Ehe und in enge Beziehungen.

ANDERE KRISTALLE FÜR GUTE BEZIEHUNGEN

ROSENQUARZ
bringt bedingungslose Liebe in eine Beziehung.

GRÜNE JADE
verbessert gestörte Beziehungen.

RHODOCHROSIT
hilft, Gefühle auszudrücken.

TOPAS
lehrt lieben.

RHODOCHROSIT

GRÜNE JADE

3 Kristallheilung

Kristalle heilen den Körper, die Seele und den Geist. Sie harmonisieren die feinstofflichen Körper, die den materiellen Körper einhüllen, und ihre Verbindungsstellen, die Chakras.

Die meisten Menschen meinen mit dem „Körper" den materiellen Körper. Die alten Schamanen und moderne Heiler glauben dagegen an unsichtbare Körper, die subtile elektromagnetische Energie ausstrahlen und den materiellen Körper umgeben und durchdringen. Man nennt diese Körper auch „Aura" oder „Ätherkörper". Ist einer dieser Körper oder die Verbindung zwischen ihnen und dem materiellen Körper gestört, werden wir krank.

Viele Krankheiten sind auf solche Störungen zurückzuführen, also auf ungleichmäßig verteilte oder negative Energie und ihre Auswirkungen auf der physischen Ebene.

Es gibt aber auch seelische Krankheiten. Zu viel Energie löst Wut, Reizbarkeit oder Enttäuschung aus. Zu wenig Energie führt zu Depressionen oder Apathie. Störungen des mentalen Körpers sind schuld an Autismus und Dyslexie in der Kindheit sowie an Stress, Verwirrung und Gedächtnisschwäche bei Erwachsenen.

Spirituelle Krankheiten können alle Ebenen beeinflussen. Man kann sie durch die feinstofflichen Körper, die Chakras und den materiellen Körper heilen. Es gibt Kristalle, die alle Energiestörungen beseitigen – sie behandeln also die Ursachen, nicht die Symptome. Kristalle sind ganzheitliche Heilmittel, weil sie auf allen Ebenen wirken und für Ausgewogenheit und Ganzheit sorgen.

Stäbe bündeln die heilende Energie eines Kristalls. Man bewegt sie sanft und kreisförmig über der erkrankten Körperstelle.

Kristalle und Chakras

Chakras sind Energiewirbel, die den materiellen Körper mit den feinstofflichen Körpern verbinden. Der Name ist vom Sanskritwort für „Rad" abgeleitet. Blockierte oder überaktive Chakras lösen Störungen aus, und wenn man diese nicht behandelt, sind körperliche oder seelische Krankheiten die Folge. Kristalle können die Energie der Chakras sanft harmonisieren.

DIE CHAKRAS

Chakras sind Energiezentren zwischen der Basis der Wirbelsäule und dem Scheitel. Sie verbinden die subtilen elektromagnetischen Körper mit dem materiellen Körper, die man auch „Aura" oder „Ätherkörper" nennt.

Es gibt sieben Hauptchakras sowie ein Erdchakra unterhalb der Füße, ein höheres Herzchakra knapp über dem Herzen und höhere Kronenchakras oberhalb des Kopfes.

DIE AUFGABEN DER CHAKRAS

Das Erdchakra „grundiert" uns und sorgt für festen Kontakt mit der Wirklichkeit. Wenn es gestört ist, haben wir Probleme mit der materiellen Welt. Das Wurzelchakra und das Sakralchakra sind sexuelle und schöpferische Zentren. Wenn das Wurzelchakra blockiert ist, sind wir sexuell desinteressiert und wenig kreativ. Wenn es zu aktiv ist, ist der Geschlechtstrieb übermäßig stark. Der Solarplexus kann seelische Blockaden auslösen. Wenn er zu weit geöffnet ist, können andere Menschen uns Energie rauben. Bei blockiertem Herzchakra kann die Liebe nicht blühen. Das höhere Herzchakra ermöglicht bedingungslose, spirituelle Liebe. Wenn es sich öffnet, erreicht die Liebe eine neue Ebene. Die Kehle ist das Chakra der Kommunikation. Wenn dieses Chakra offen ist, können wir uns anderen problemlos mitteilen; wenn es blockiert ist, fällt es uns schwer, Gedanken und Gefühle auszudrücken. Das dritte Auge ist die Quelle der Intuition und der Zugang zu anderen Wirklichkeiten. Wenn es zu weit offen ist, fluten die Gedanken und Gefühle anderer Menschen herein. Wenn es blockiert ist, sind wir geistig verwirrt und haben wenig Phantasie. Das Kronenchakra erzeugt spirituelle Energie, und die höheren Kronenchakras verbinden uns mit der Ebene der Engel. Ein offenes Kronenchakra kann Glückseligkeit oder Erleuchtung auslösen.

CHAKRA-KRISTALLE

Es gibt Kristalle, welche die subtile Energie der Chakras reinigen, aktivieren oder harmonisieren. Farbige Steine können Chakras heilen, anregen oder dämpfen. Orange und Rot stimulieren, Blau und Grün beruhigen, Violett läutert.

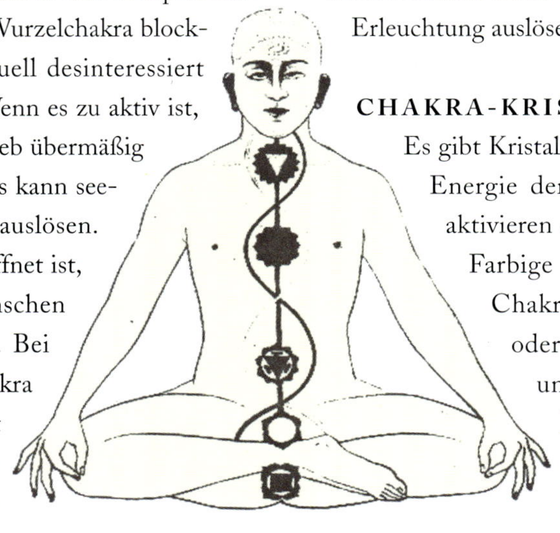

RECHTS Es gibt sieben Hauptchakras:
- *das Wurzelchakra an der Basis der Wirbelsäule*
- *das Sakralchakra knapp unterhalb des Nabels*
- *der Solarplexus etwa eine Handbreite über der Taille*
- *das Herzchakra über dem Herzen*
- *das Kehlchakra hinter dem Kehlkopf*
- *das dritte Auge über und zwischen den Augenbrauen*
- *das Kronenchakra am Scheitel des Kopfes*

Die Abbildung rechts ist sehr alt. Sie zeigt die sieben Chakras, aber die beiden obersten sind kaum zu sehen.

CHAKRAHEILUNG

Beim Heilen und Harmonisieren der Chakras legt man einen geeigneten Stein auf das Chakra, entweder vorn oder auf dem Rücken, je nachdem, was bequemer ist. Man kann Kristalle auf alle Chakras, aber auch über den Kopf und unter die Füße legen, um bestimmte Wirkungen zu erzielen:

VERBINDEN DER ENERGIE VON DER KRONE BIS ZUR BASIS: *Rauchquarz*

ÖFFNEN UND REINIGEN: *Bernstein, Dendrit, Achat, Malachit*

REINIGEN UND SCHÜTZEN: *Turmalin, Granat*

HARMONISIEREN: *Boji-Stein, gelber Kunzit*

LÄUTERN: *Türkis*

KORNE UND HERZ VEREINEN: *Charoit*

UNTERE CHAKRAS REINIGEN: *Heliotrop*

GRANAT

DIOPTAS

CHAROIT

EISENPYRIT

HÄMATIT

OBEN *Die Form eines Kristalls beeinflusst den Energiefluss. Eckige Kristalle dämpfen die Energie, runde strahlen Energie aus.*

Kristalle und der Körper

Kristalle haben eine Affinität zu bestimmten Körperteilen, und man kann mit ihnen Störungen in Organen und am Skelett beseitigen. Diese Resonanz ist teils auf astrologische Entsprechungen, teils auf die Eigenschaften der Steine zurückzuführen. Mit Hilfe dieser Beziehungen kann man den Körper harmonisieren und heilen. Kristalle legt man auf den Körper, oder man bereitet aus ihnen Elixiere.

KRISTALLE IN DER HEILKUNDE

Der Zusammenhang zwischen Kristallen und dem materiellen Körper ist seit Jahrtausenden bekannt. Eine Arznei der traditionellen chinesischen Medizin, die mindestens 5000 Jahre alt ist, enthält Magnetit und wirkt gegen Ohrenbeschwerden. In der modernen Kristallheilkunde hat Magnetit eine Affinität zu den Knochen. Die traditionelle chinesische Medizin (TCM) nimmt dagegen an, dass Knochen und Ohren von den Nieren regiert werden, die der Magnetit stimuliert. In beiden Systemen verwendet man Magnetit, um Blutkrankheiten und Schlafstörungen zu behandeln. Er beruhigt die Gedanken, fördert den Schlaf, kühlt das Blut und stillt Blutungen. Die Chinesen und die heutigen Kristallheiler behandeln Knochen und Brüche mit Eisenpyrit.

RECHTS *Die traditionelle chinesische Medizin hat Kristalle schon immer als Arzneien benutzt. In China wurden Ärzte nur bezahlt, wenn ihre Patienten gesund blieben; darum waren sie an wirksamen Arzneien interessiert.*

Kristalle werden seit Jahrtausenden zu Arzneien und Salben verarbeitet. Die alten Ägypter hinterließen Rezepte, die unter anderem Malachit, Chrysokoll, Jaspis, Hämatit und Chalcedon enthalten. Malachit und Chrysokoll wurden gemahlen und auf Wunden gestreut, und die moderne Medizin hat in der Tat nachgewiesen, dass sie Bakterien, auch Staphylokokken, abtöten.

Griechische und römische Heiler, zum Beispiel Plinius und Galen, setzten diese Tradition fort. Galen linderte Kopfschmerzen mit Hämatit, Plinius behandelte damit Blutkrankheiten. Ärzte und angesehene Heiler, etwa Hildegard von Bingen, verwendeten im Mittelalter Edelsteinelixiere. Die nord- und südamerikanischen Indianer nutzen Kristalle sowohl für die Diagnose als auch für die Therapie.

Viele Kristallrezepte werden heute noch angewandt. Kristallheiler legen geeignete Steine auf den Körper oder bereiten daraus Elixiere oder Bäder zu. Manche Substanzen, die im Körper giftig sind, kann man äußerlich anwenden.

Die Affinität der Kristalle

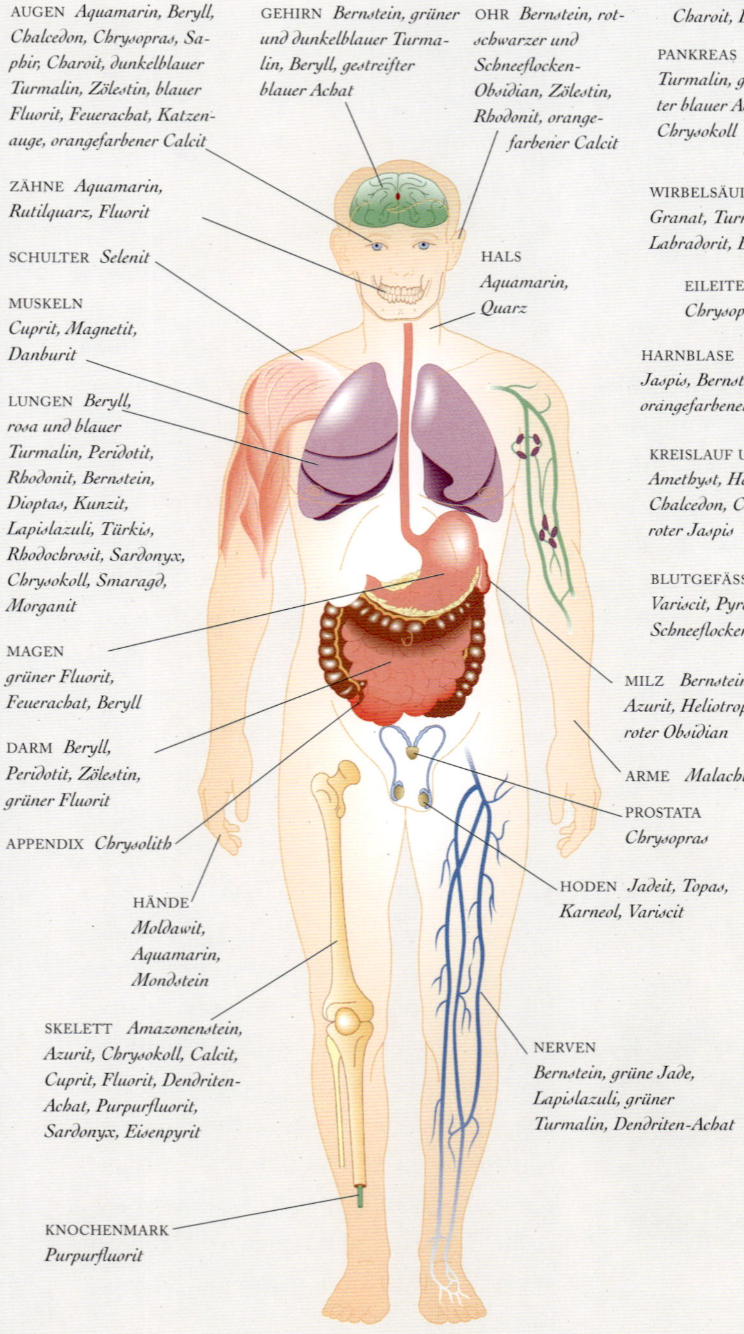

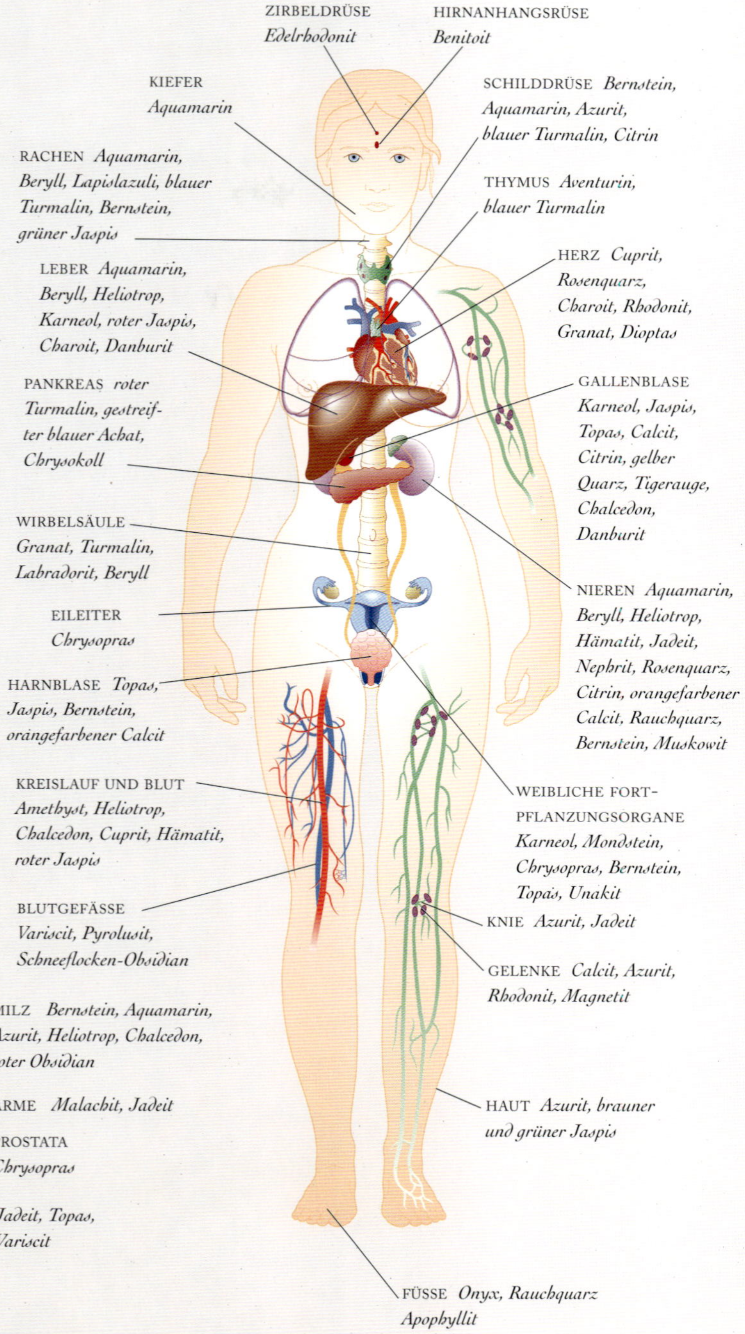

ENDOKRINE DRÜSEN *Bernstein, Amethyst, gelber Jaspis, rosa Turmalin, Feuerachat*
IMMUNSYSTEM *Amethyst, schwarzer Turmalin, Lapislazuli*
VERDAUUNGSTRAKT *Chrysokoll, rote Jade, grüner Jaspis*
STOFFWECHSEL *Amethyst, Sodalite, Pyrolusite*
RÜCKEN *Malachit, Saphir, Lapislazuli*
UNTERER RÜCKEN *Karneol*
KAPILLAREN *Dendriten-Achat*

Körperliche Krankheiten

Es gibt verschiedene Möglichkeiten, Krankheiten mit Kristallen zu behandeln. Wir können Sie bei uns tragen, und wir können sie allein oder in Kombinationen auf einen erkrankten Körperteil legen. Wir können mit einem Kristall über den Körper streichen und dadurch nicht nur die materielle Ebene, sondern auch die subtilen Körper beeinflussen. Außerdem sind sie als Badezusatz wirksam.

RECHTS *Citrin strahlt die heilende und wärmende Energie der Sonne aus. Er kräftigt und entgiftet.*

Seien Sie vorsichtig, wenn Sie Kristalle kombinieren, denn manche verstärken einander und fördern die Heilung, während andere sich gegenseitig unwirksam machen. Einige Kristalle bringen eine Krankheit schnell zum Höhepunkt, andere wirken langsam. Magnetit ist beispielsweise positiv oder negativ geladen; er kann also ein überaktives Organ hemmen und ein träges anregen.

UNTEN *Lapislazuli wird seit mindestens 5000 Jahren bei Kopfschmerzen benutzt. Bei Migräne ist er besonders wirksam.*

Sie können einen Kristall nach Ihren Symptomen auswählen, vor allem wenn ein einziger Kristall sich für mehrere Symptome eignet. Aber Symptome sind nur ein Zeichen für ein tiefer liegendes energetisches Ungleichgewicht, und ein Kristall kann diese Störung verschlimmern, wenn Sie seine Wirkung nicht verstehen. Es lohnt sich, einen Kristallheiler zu fragen, weil er die energetische Grundlage einer Krankheit kennt und geeignete Kristalle empfehlen kann. Wir müssen die Ursache einer Krankheit behandeln, nicht nur die Symptome.

SCHMERZLINDERUNG

Schmerzen sind ein Zeichen dafür, dass etwas im Körper nicht stimmt. Es kann ein Energieüberschuss, eine Blockade oder ein Ungleichgewicht sein. Kristalle beruhigen sanft oder geben Energie ab, die Schmerzen lindert. Wenn Sie den Stein auf die betroffene Stelle legen, absorbiert er die Schmerzen. Kühle, beruhigende Kristalle wie Lapislazuli, Türkis und Rosenquarz beruhigen, aktive Kristalle wie Karneol und Magnetit beseitigen Blockaden.

Kupfer ist dafür bekannt, dass er Entzündungen und Schwellungen lindert. Malachit enthält viel Kupfer und ist daher ebenfalls entzündungshemmend. Zudem absorbiert er negative Energie und harmonisiert. Bei Muskel- und Gelenkschmerzen helfen Malachit und Magnetit, bei Verspannungen ist dunkler Turmalin wirksamer. Wenn Sie Angst haben, legen Sie einen beruhigenden Stein, zum Beispiel Rosenquarz, auf den Solarplexus.

OBEN *Ein Kristall neben dem Bett oder unter dem Kissen bringt ruhigen Schlaf. Richten Sie sich bei der Auswahl nach den Gründen für die Schlafstörung.*

KOPFSCHMERZEN

Kopfschmerzen können viele Ursachen haben, aber Stress oder die Ernährung spielen oft eine Rolle. Legen Sie Amethyst, Bernstein oder Türkis auf den Kopf oder um ihn herum, um Spannungsschmerzen zu lindern. Wenn das Essen schuld ist, hilft ein Stein, der den Magen beruhigt, etwa Mondstein oder Citrin. Lapislazuli wird seit Jahrhunderten bei Migräne angewandt.

SCHLAFSTÖRUNGEN

Auch Schlafstörungen können zahlreiche Ursachen haben. Wenn Stress den Schlaf stört, legen Sie Chrysopras, Rosenquarz oder Amethyst neben das Bett oder unter das Kissen. Sollten Sie zu viel gegessen haben, beruhigen Eisenpyrit oder Mondstein den Magen. Vor Albträumen schützen Turmalin und Rauchquarz.

MALACHIT

MONDSTEIN

LAPISLAZULI

RAUCHQUARZ

AMETHYST

OBSIDIAN

ROSENQUARZ

LINKS *Stäbe sind in vielen Größen und Arten erhältlich. Sie sind besonders wirksam bei Verspannungen und zur Unterstützung einer Massage.*

Kristalle bei körperlichen Krankheiten

GRÜNER TURMALIN

Bitte konsultieren Sie einen Arzt, wenn Sie ernstlich krank sind.

A

ABSORPTION VON EISEN
Rhodonit

ABSORPTION VON EIWEISS
Opal

ABSORPTION VON KALZIUM UND MAGNESIUM
Serpentin, gelber Kunzit

ABSORPTION VON MINERALIEN
Chalcedon, blauer Jaspis

ABSORPTION VON VITAMIN A UND E
blaugrüner Obsidian

ABSORPTION VON VITAMINEN UND MINERALIEN
Granat

CITRIN

AIDS
Jadeit, Lapislazuli, Amethyst

AKNE
Amethyst (Elixier)

ALZHEIMER
Chalcedon, blauer Obsidian

ANÄMIE
Heliotrop, Citrin, Kunzit, Turmalin, Rubin, Tigerauge

ANGINA
Dioptas, Smaragd

ANOREXIE
Rosenquarz

APPENDIZITIS
Chrysolith

KUNZIT

ARTHRITIS
Amethyst (Elixier), Azurit, blauer Streifenachat, schwarzer Turmalin, Karneol, Chrysokoll, Fluorit, Malachit, Rhodonit, Granat

ASTHMA
Bernstein, Amethyst, Malachit, Magnetit, Rosenquarz, dunkelblauer Saphir, Morganit, Azurit, Tigerauge

ATEMNOT
Bernstein, Amethyst, Magnetit, Morganit

AUGEN, TRÄNENDE
Aquamarin

AUGENENTZÜNDUNG
blauer Streifenachat (Elixier), Saphir, Chrysopras

B

BEINKRÄMPFE
Hämatit

BLÄHUNGEN
grüner Jaspis

BLUT, SAUERSTOFFMANGEL
Amethyst, Karneol

BLUTDRUCK, HOHER
Chrysopras, Jadeit

BLUTDRUCK, NIEDRIGER
Sodalith, Turmalin

BLUTDRUCK, UNREGELMÄSSIGER
Aventurin, Charoit, Turmalin

BLUTGERINNSEL
Amethyst, Heliotrop, Hämatit

BLUTREINIGUNG
Amethyst, Aquamarin, Heliotrop, Granat, Lapislazuli

BLUTUNG
Heliotrop, Rubin, Saphir

BLUTVERGIFTUNG
Karneol

BRONCHITIS
Rutilquarz, Pyrolusit

BURSITIS
Bernstein, blauer Streifenachat

C

CANDIDA ALBICANS
Karneol

CHEMOTHERAPIE
Rauchquarz, Herkimer-Diamant

CHROMOSOMENSCHADEN
Chiastolith

COMPUTER-STRESS
Fluorit

D

DARM
Jaspis

DIABETES
Citrin, Jade, Serpentin

CHRYSOPRAS

DRÜSENFIEBER
blauer Streifenachat

DRÜSENSCHWELLUNGEN
Aquamarin, blauer Streifenachat, Topas

DURCHBLUTUNGSSTÖRUNGEN
Feuerachat

DURCHFALL
klarer Quarz, Malachit

DYSLEXIE
Sugilith

MONDSTEIN

E

EILEITER
Chrysopras

EKZEM
Saphir

EMPHYSEM
Amethyst, Bernstein, Dioptas, Malachit, Rhodonit, Rosenquarz, Tigerauge, Morganit

ENZEPHALITIS, MYALGISCHE
Rubin, Turmalin

ENDOKRINE DRÜSEN, STÖRUNGEN
Amethyst, Bernstein, Turmalin, Jaspis, Citrin, Feuerachat, grüner Quarz

TOPAS

ENTGIFTUNG
Charoit, Jade, Peridot

EPILEPSIE
Jaspis, Lapislazuli, Sugilith, Turmalin

ERBRECHEN
Lapislazuli

ERKÄLTUNG, FIEBER
Jet, Smaragd

ERSCHÖPFUNG
gelber Jaspis

SUGILITH

F

FIEBER
rot-schwarzer Obsidian, Chiastolith, Rubin

FRUCHTBARKEITSSTÖRUNGEN
Karneol, Chrysopras, Granat, Jade, Malachit, Rosenquarz, Rauchquarz

FÜSSE, BRENNENDE
blauer Streifenachat, Onyx

G

GALLENBLASE
Karneol, Citrin, Jaspis, Topas

GALLENGANG
Jaspis

GEBURT, LEICHTERE
Heliotrop, Bernstein, Lapislazuli

GEHIRNERSCHÜTTERUNG
Beryll

GEHIRNFLÜSSIGKEIT
blauer Streifenachat

GEHIRNFUNKTION, GESTÖRTE
Lapislazuli

GELENKBESCHWERDEN
Azurit

GESCHLECHTSKRANKHEITEN
Chrysopras

GESCHWÜRE
Chrysokoll

GEWEBESCHÄDEN
Peridot

GICHT
Chrysopras, Topas, Turmalin

H

HALSENTZÜNDUNG
Aquamarin, Bernstein, Beryll, Lapislazuli, blauer Turmalin

HARNBLASE
Bernstein, Jaspis, orangefarbener Calcit

BLAUER STREIFEN-ACHAT

HAUTPROBLEME
Aquamarin (Elixier)

HERPES
Jadeit, Lapislazuli

HERZINFARKT
Dioptas

HEUSCHNUPFEN
blauer Streifenachat

HIRNANHANGDRÜSE, STÖRUNGEN
Benitoid

HITZSCHLAG
blauer Streifenachat

HÖHENKRANKHEIT
Cuprit

HORMONPRODUKTION
Amethyst

HÖRSCHWÄCHE
Rhodonit, Turmalin

HÜFTSCHMERZEN
Azurit

HUSTEN
Bernstein, Topas

HYDROCEPHALUS
blauer Streifenachat (Elixier)

I

KATZENAUGE

IMMUNSYSTEM, SCHWACHES
Amethyst, Lapislazuli, Malachit, Jade, klarer Quarz, Turmalin

IMPOTENZ
Amazonit, Variscit

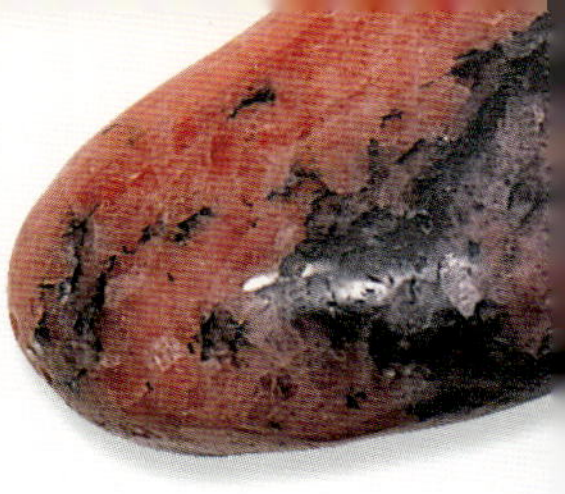
RHODONIT

Kristalle bei körperlichen Krankheiten

INNERE INFEKTIONEN (OHR, NEBENHÖHLEN USW.)
Rhodochrosit (Elixier, Umschlag), Opal

INSULIN-REGULIERUNG
Chrysokoll, Opal

ISCHIALGIE
Turmalin, Saphir

J

JUCKREIZ
Azurit, Malachit

KARNEOL

K

KARIES
Amazonit, Fluorit, Onyx

KATARRH
Topas

KEUCHHUSTEN
Bernstein, Topas, blauer Streifenachat

KNOCHENSCHWÄCHE
Calcit, Onyx, Fluorit, Selenit, Sardonyx, Eisenpyrit, Amazonit

KNOCHENMARK
violetter Fluorit, Onyx

KOLIK
Karneol

KOPFSCHMERZEN
Amethyst, Bernstein, Smaragd, Lapislazuli, Türkis, Sugilith (mit blauem Mangan), Charoit, Katzenauge, Hämatit, Citrin, Mondstein

AZURIT

KRAMPFADERN
blauer Streifenachat, Bernstein, Heliotrop

KRÄMPFE
Heliotrop

KREUZSCHMERZEN
Karneol

KROPF
Bernstein

L

LAKTATION
Chalcedon, Chiastolith

JADEIT

NEPHRIT

LARYNGITIS
Bernstein, blauer Streifenachat, Turmalin, Sodalith

LEBERENTZÜNDUNG
Jadeit

LEBERFUNKTION
Amethyst, Aquamarin, Beryll, Heliotrop, Charoit, Jaspis, Jade, Topas

LEUKÄMIE (NEBENWIRKUNGEN)
Chrysokoll

LUMBAGO
Magnetit

LUNGENENTZÜNDUNG
Fluorit

LUNGENFUNKTION
Türkis

LYMPHSYSTEM
Turmalin

M

MASERN
Türkis

MENIÈRE-KRANKHEIT
Dioptas

MENOPAUSE-STÖRUNGEN
Lapislazuli, Granat, Rubin, Lepidolith

MENSTRUATIONSSCHMERZEN
Rosenquarz, Lapislazuli

UNAKIT

MENSTRUATIONS-STÖRUNGEN
Jet, Mondstein, Unakit

MIGRÄNE
Lapislazuli

MUMPS
Aquamarin, Topas

MUSKELKRÄMPFE
Chrysokoll, Dioptas, Hämatit

MUSKELZERRUNGEN
Magnetit

N

NARBENGEWEBE
Rosenquarz

NASENBLUTEN
Karneol

LABRADORIT

NEURALGIE
Lapislazuli, Karneol, Bernstein, Amethyst

NIERENBESCHWERDEN
Jadeit, Nephrit

NIERENENT-ZÜNDUNG
Nephrit, Jadeit

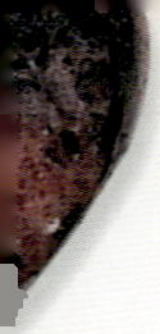

HERKIMER-DIAMANT

O

ÖDEME
Cuprit

OHNMACHT
Lapislazuli

OHRENSCHMERZEN
Amazonit, Bernstein, Turmalin, Zölestin

ORGANFUNKTION, UNAUSGEWOGENE
Magnetit

OSTEOPOROSE
Amazonit

P

PARKINSON
Opal

PILZE
Moosachat (Elixier)

AMAZONIT

POTENZ, NACHLASSENDE
Lapislazuli, Jet, schwarzer Quarz, rot-schwarzer Obsidian

PROSTATA
Chrysopras

PSORIASIS
blauer Streifenachat, Labradorit

R

REISEKRANKHEIT
Jaspis

RHEUMA
Achat, Azurit, Bernstein, Karneol, Chrysokoll, Fluorit, Malachit

RÜCKENBESCHWERDEN
Hämatit, Magnetit, Malachit, Saphir

S

SCHILDDRÜSENSTÖRUNGEN
Rhodochrosit (Elixier), Citrin

SCHILDDRÜSENÜBERFUNKTION
Türkis, Sodalith

SCHLAFSTÖRUNGEN
Amethyst, Lepidolith, Saphir, Sodalith, Topas, Chrysopras, Lapislazuli, Citrin, Turmalin, Eisenpyrit, Labradorit

SCHMERZEN
Lapislazuli, Magnetit, Dioptas, Rosenquarz, Türkis, Karneol, Malachit

SCHWÄCHENDE KRANKHEITEN
schwarzer Turmalin

SCHWINDEL
klarer Quarz, Cuprit

SEHSCHWÄCHE
Aquamarin, Charoit, Jade, Malachit, Rhodochrosit, Rosenquarz, Variscit

SINUSITIS
Azurit, blauer Streifenachat

SODBRENNEN
Dioptas, klarer Quarz, Peridot

SPORTVERLETZUNGEN
Magnetit

STOFFWECHSELSTÖRUNGEN
Amethyst, Cuprit, Chrysokoll, Sodalith, Mondstein, Labradorit, Pyrolusit

STRAHLENKRANKHEIT, -THERAPIE
Rauchquarz, Herkimer-Diamant, gelber Kunzit, Malachit, Sodalith

SÜCHTE
Amethyst, Kunzit

T

THYMUS-UNTERFUNKTION
Aventurin, Dioptas, klarer Quarz

TUBERKULOSE
Morganit

TUMORE
Amethyst, Heliotrop, Rauchquarz

U

ÜBELKEIT
Jaspis, Smaragd

ÜBERGEWICHT
grüner Turmalin

UNFRUCHTBARKEIT
Rosenquarz, Karneol, Chrysopras, Rauchquarz, Jade

V

VERBRENNUNGEN
klarer Quarz, Rosenquarz (in kaltes Wasser legen)

LAPIS-LAZULI

VERGIFTUNG
brauner Jaspis

VERSTOPFUNG
Bernstein, Topas

W

WEHEN, SCHWACHE
Peridot

WINDPOCKEN
Azurit, Malachit, Topas

WIRBELSÄULENVERKRÜMMUNG
Azurit, Hämatit, Labradorit, Magnetit, Turmalin, weiße Jade

WUCHERUNGEN, ÄUSSERE
blauer Streifenachat

WUNDEN Chalcedon

Z

ZAHNFLEISCH Achat, Pyrolusit

ZAHNFLEISCHENTZÜNDUNG
blauer Streifenachat (mit dem Elixier spülen)

ZAHNSCHMERZEN
Aquamarin, Bernstein, Lapislazuli

AQUAMARIN

Seelische Krankheiten

Unausgeglichene Gefühle rufen Krankheiten hervor. Unterdrückte Gefühle können Depressionen, Phobien und Angst auslösen. Kristalle begünstigen das emotionale Gleichgewicht, sie helfen uns, Gefühle auszudrücken, und fördern Ruhe und Frieden.

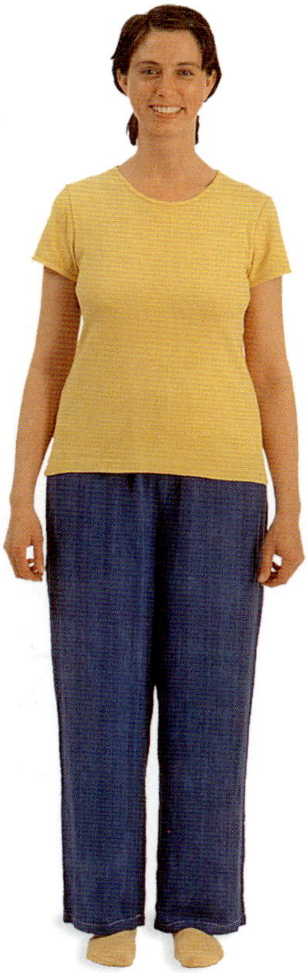

OBEN *Ausgeglichene Gefühle tragen sehr zur Gesundheit und zum Wohlbefinden bei.*

UNAUSGEGLICHENE GEFÜHLE

Blauer Streifenachat und Rosenquarz reinigen und entgiften Gefühle. Opal fördert das seelische Gleichgewicht, und Amethyst harmonisiert die Hormonproduktion und stärkt das Gefühl, alles im Griff zu haben. Sie können die Steine bei sich tragen, auslegen oder in die Badewanne legen.

DEPRESSIONEN

Bernstein beseitigt negative Gedanken und Gefühle und harmonisiert die endokrinen Drüsen. Seine sonnengelbe Farbe löst Düsterkeit auf und zieht positive Energie an. Jet absorbiert negative Energie, dämpft Stimmungsschwankungen und lindert tiefe Depressionen.

Der tiefblaue Saphir macht uns gelassen und zeigt uns unsere wahre Natur. Wer sich selbst kennt und akzeptiert, ist nicht depressiv. Chrysolith und Rauchquarz lindern ebenfalls Depressionen und machen die Last auf unseren Schultern leichter. Bei Depressionen nach einer Entbindung hilft Rosenquarz. Kunzit dämpft Stimmungsschwankungen.

WUT

Wut macht schwach, wenn sie überhand nimmt oder unterdrückt wird. Verdrängte Wut ist oft die Ursache von Depressionen und Süchten. Achat beseitigt zornige Bitterkeit, die tief in uns nagt, und Peridot unterstützt ihn dabei. Roter Granat kühlt unvernünftige Wut – vor allem Wut auf sich selbst –, und rote Jade hilft uns, Wut konstruktiv auszudrücken. Mondstein und Amethyst lindern emotionale Überreaktionen und dämpfen Wut, besonders Wut auf sich selbst. Amethyst und Kunzit können Süchte besiegen.

ROTE JADE

BERNSTEIN

JET

KUNZIT

SCHULDGEFÜHLE

Schuldgefühle machen krank. Chrysokoll beseitigt sie, so dass es Ihnen leichter fällt, die Wahrheit zu sagen. Die liebevolle Energie des Rosenquarz löst Schuldgefühle auf, und Sie können sich wieder selbst lieben.

SEXUELLES DESINTERESSE

Schwache Libido hat oft seelische Ursachen. Fluorit und roter Granat beseitigen sanft die emotionalen Blockaden der sexuellen Energie und entfachen die Leidenschaft neu.

PHOBIEN UND FURCHT

Aquamarin stabilisiert und harmonisiert die seelische Energie. Er zerstreut Furcht und Phobien. Aventurin, grüner Calcit, Chrysopras, Kunzit, Eisenpyrit und Turmalin lindern Angst. Der glasartige, vulkanische Felsobsidian ist ein zweischneidiges Schwert. Er bringt Verdrängtes rasch ans Licht und löst Furcht; doch was er enthüllt, ist nicht immer erwünscht. Verwenden Sie ihn, wenn Sie bereit sind, sich zu ändern. Anschließend können Sie die negativen Tendenzen mit Rhodochrosit oder Rosenquarz beseitigen und die Selbstliebe stärken.

VERGEBUNG

Wenn wir anderen und vor allem uns selbst vergeben, können wir viele seelischen Störungen heilen. Chrysoberyll, Rhodochrosit, Rosenquarz und Selenit helfen uns dabei, und Zölestin stellt die seelische Unschuld wieder her.

SELENIT

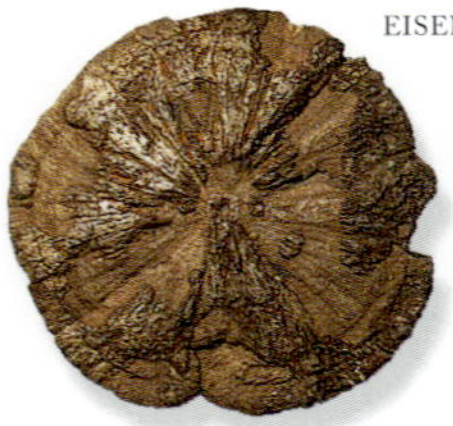

EISENPYRIT

ROSENQUARZ

CHRYSOBERYLL

GRÜNER CALCIT

CHRYSOPRAS

BLAUER FLUORIT

Intellektuelle Probleme

AMETHYST

Zwischen dem Nervensystem und dem Intellekt besteht eine enge Verbindung. Das Gehirn und die Nerven verarbeiten Informationen, so dass wir angemessen handeln können. Wenn die Nerven gestört sind, ist es der Intellekt ebenfalls. Auch die Gefühle beeinflussen das Denken. Depressive Menschen mit geringer Selbstachtung neigen zu Pessimismus und Verwirrung. Wir können den Intellekt harmonisieren, indem wir diese Probleme lösen.

Um den Intellekt zu heilen, können Sie Kristalle als Ohrringe oder Anhänger tragen oder um den Kopf herum legen, während Sie sich entspannen. Wenn Sie unter Stress stehen, sollten Sie einen beruhigenden Stein in die Hand nehmen. Ein geeigneter Kristall auf dem Schreibtisch oder in der Tasche fördert die Konzentration und beruhigt die Nerven. Auch ein beruhigender Stein im Badewasser lindert Stress.

UNTEN *Ohrringe sind ein sehr guter Schutzschild gegen Stress.*

KRISTALLE FÜR DIE NERVEN

Grün ist eine beruhigende Farbe, und viele grüne Kristalle lindern daher Stress. Grüne Jade wird im Osten hoch geschätzt, weil sie die Nerven beruhigt und die Konzentration stärkt.

Amazonit filtert die Informationen, die das Gehirn aufnimmt, und beugt dadurch einer Überlastung vor. Er beruhigt das Nervensystem, fördert den Selbstausdruck und dämpft Nervosität. Aquamarin filtert ebenfalls Informationen; außerdem schärft er die Sinne und fördert die klare Kommunikation. Er verhilft Ihnen zu Gelassenheit und Klarheit.

Die Farbe Purpur entspannt den Intellekt. Amethyst ist ein sehr wirksames Heilmittel, das Ihnen hilft, wenn Sie konfus sind und die Dinge nicht mehr im Griff haben. Er beruhigt die Nerven, fördert die Übertragung von Nervenimpulsen, hilft Ihnen, sich realistische Ziele zu setzen, und stärkt das Gedächtnis. Außerdem erleichtert er das Visualisieren. Auch bei Schlafstörungen kann Amethyst helfen. Sie können die Steine rund um den Körper legen, auch je einen Stein oberhalb des Kopfes und unterhalb der Füße. Sechs weitere Kristalle legen Sie neben die Schultern, Hüften und Knie. Spitze Kristalle sollten zum Körper zeigen. Bleiben Sie 20 Minuten ruhig liegen. Danach sind Sie so entspannt, dass Sie vielleicht einen erdenden Stein wie Rauchquarz brauchen.

STRESSABBAU

Amazonit beruhigt die Nerven und filtert Informationen. Dadurch hilft er Ihnen, sich auf wichtige Dinge zu konzentrieren. Beryll beseitigt Stress, weil er den Verzicht auf Unnötiges erleichtert. Er schützt vor Ablenkungen und übermäßiger Stimulation, aber er regt auch den Verstand an. Auch

OBEN *Acht spitze Amethystkristalle, um den Körper herum gelegt, entspannen und beruhigen.*

Amethyst verringert die mentale Last und fördert die Konzentration auf realistische Ziele. Wenn Amethyst die Übertragung von Nervenimpulsen und die geistige Klarheit verbessert hat, kann der Körper auf die Informationen reagieren, die er vom Gehirn bekommt.

Eisenpyrit, Aquamarin, Beryll und grüner Calcit stärken den Intellekt. Rhodochrosit verhindert nervöse Zusammenbrüche. Heliotrop, Dioptas, Hämatit, Lapislazuli und Rhodonit lindern ebenfalls Stress.

GEDANKEN BÜNDELN

Vielen Menschen fällt es schwer, sich zu konzentrieren. Die Gedanken huschen von einem Thema zum anderen und stören die Konzentration. In diesem Chaos gehen Informationen verloren. Quarz fördert die geistige Arbeit und das klare Denken, und Karneol hemmt unerwünschte Gedanken.

Azurit hilft Ihnen, einen meditativen Zustand zu erreichen und die Gedanken zu beherrschen. Man sagt, er könne sogar Gehirnzellen erneuern. Die Priester des alten Ägypten stärkten mit diesem kupferhaltigen Stein ihr spirituelles Bewusstsein. Azurit fördert die Objektivität, die Einsicht und das klare Denken.

Citrin, Bernstein und gelber Fluorit stimulieren die Erinnerung, und grüner Calcit schärft das Denkvermögen und stärkt das Gedächtnis. Blauer Calcit beruhigt die Gedanken und bündelt sie. Lapislazuli intensiviert das Denken. Saphir lindert zusätzlich Verwirrung. Apophyllit beseitigt einen Energieüberschuss im Kopf.

UNTEN *Diese alte ägyptische Statue ist mit magischen Texten übersät, die um Heilung bitten. Die Symbole unterstützten die Arbeit der Ärzte, die hochwirksame Kristalle als Arznei verwendeten.*

FLUORIT

Citrin, Hämatit, Lapislazuli, roter Granat, Rhodonit, Rosenquarz, Rubin, Turmalin und Variscit fördern ebenfalls die Konzentration. Smaragd, Fluorit, Moosachat, Rhodochrosit und Turmalin lindern Vergesslichkeit.

SMARAGD

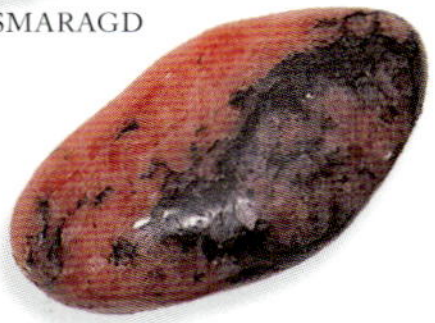

RHODONIT

PROBLEME LÖSEN

Um Probleme zu lösen, brauchen wir sowohl Kreativität als auch Intuition. Das laterale Denken – die Analyse eines Problems aus ungewohntem Blickwinkel – liefert oft eine Lösung. Der grüne Turmalin hilft Ihnen, Schwierigkeiten Schritt für Schritt zu überwinden, und dabei unterstützt er die Kommunikation. Nützlich ist auch der Aquamarin, weil er unerwünschte Informationen herausfiltert und Ihnen hilft, Einsichten in Worte zu fassen. Peridot reinigt das Denken und verdeutlicht das Problem. Obsidian enthüllt, was die Problemlösung blockiert. Azurit und Rutilquarz helfen Ihnen, Entscheidungen zu treffen.

BESSERE KOMMUNIKATION

Konfuses Denken führt zu unklarer Kommunikation. Manche Menschen haben hervorragende Ideen, können sie aber nicht ordnen oder ausdrücken. Sodalith und Saphir verbessern die Kommunikation. Sodalith dämpft Kritik und Selbstkritik, fördert die Objektivität und hilft Ihnen, die Einstellung zu ändern. Aquamarin erleichtert den verbalen Ausdruck, filtert unnötige Informationen heraus und verbessert die Wahrnehmung. Er ist ein guter Stein für Redner.

SODALITH

SAPPHIR

AQUAMARIN

4 Kristalle schützen

Selbst in ländlichen Gebieten ist die Luft voller unsichtbarer Energien. Kabel leiten Strom, Antennen strahlen Radiowellen aus. In einer Stadt ist der subtile Elektrosmog noch schlimmer. Aber auch die Erde gibt negative Energie ab, zum Beispiel über Wasseradern.

Häuser haben eine Geschichte, was ihre Energie anbelangt. Alle, die darin lebten, haben einen „Energiestempel" hinterlassen. Nachbarn tragen ihre Schwingungen bei. Geräte erzeugen zu Hause und am Arbeitsplatz elektromagnetische Felder, die uns müde und gereizt machen. Starke Felder können möglicherweise Krebs erregen. Manche Frequenzen bleiben dem Auge verborgen. Spezialkameras fangen Infrarotlicht ein, Messgeräte erfassen Mikrowellen und andere elektromagnetische Strahlen. Negative Gedanken und Gefühle lassen sich jedoch nicht messen, obwohl sie uns Energie rauben. Angehörige können uns also mit Stress anstecken. Auch übersinnliche Angriffe kommen vor.

Wenn Sie Kristalle bei sich tragen, sind Sie jederzeit geschützt.

Kristalle können schädliche Energien dieser Art neutralisieren und uns und die Umwelt schützen. Eine Fluorit- oder Quarztraube am Computer macht Strahlung unschädlich. Rauchquarz absorbiert die Energie von Wasseradern, Türkis lindert Elektrosmog, schwarzer Turmalin wehrt übersinnliche Angriffe ab. Bernstein und Heliotrop entfernen negative Energie, Rosenquarz und Amethyst ersetzen sie durch positive. Laute Nachbarn mäßigen sich, wenn Sie Kristalle an die Wand legen.

OBEN *Rosenquarz an der Wand beruhigt laute Nachbarn und bringt beiden Parteien Frieden und Harmonie.*

OBEN *Lepidolith oder Purpurfluorit, neben den Computer gelegt, absorbiert Elektrosmog.*

Schützen Sie Ihre Umgebung

Kristalle schützen nicht nur Sie, sondern auch das Haus, die Familie, den Arbeitsplatz und die Umgebung. Diese schönen Steine wehren negative Energie ab und rufen mit ihrer positiven Energie Wohlbefinden hervor. Sie absorbieren auch überschüssige Energie und gleichen Energiemangel aus.

Die Wirkung eines Kristalls kann man zwar nicht sehen, aber spüren. Am richtigen Platz kann ein Kristall schützen und Ihnen ein Gefühl des Wohlbefindens vermitteln. Ein schützender Stein vor der Haustür bewacht das Haus und schreckt Einbrecher ab. Rosenquarz erfüllt das Heim mit Liebe und Harmonie. Wie finden Sie den richtigen Platz? Wahrscheinlich sagt es Ihnen der Kristall! Einige Plätze bieten sich von selbst an. Wenn Sie Elektrosmog neutralisieren wollen, legen Sie Lepidolith, Quarz oder Fluorit neben den Computer oder Fernseher. Ein großes Stück Rosenquarz neben dem Bett stärkt Liebe und Harmonie. Ein Kristall an der Wand beruhigt lärmende Nachbarn. Reinigen Sie die Steine regelmäßig.

SCHUTZ FÜR DAS AUTO

Ein Kristall im Auto sorgt für Sicherheit. Nehmen Sie einen schützenden Stein, und programmieren Sie ihn so, dass er für Sie und den Wagen sorgt.

EIN SICHERER ARBEITSPLATZ

Rauchquarz auf dem Schreibtisch schützt Sie vor dem Stress anderer Leute. Programmieren Sie ihn so, dass er Sie in eine schützende Kugel einhüllt. Rosenquarz oder Amethyst in der Hand lindert Stress.

PENDELN

Mit einem Kristall an einer Kette finden Sie einen günstigen Platz. Klarer Quarz ist ideal. Halten Sie die Kette so zwischen Daumen und Zeigefinger, dass sie etwa eine Handbreite herabhängt.

Halten Sie das Pendel über die Hand. Nennen Sie Ihren Namen, und fragen Sie, ob er stimmt. Achten Sie darauf, wie das Pendel schwingt – dies ist ein „Ja". Sagen Sie dann einen anderen Namen, und fragen Sie, ob es der Ihre ist. Jetzt schwingt das Pendel anders und sagt damit „nein".

Zeichnen Sie eine Skizze des Zimmers, fragen Sie, welcher Platz der richtige ist, und bewegen Sie das Pendel so lange, bis es „ja" sagt. Oder legen Sie den Kristall an verschiedene Plätze, und prüfen Sie deren Eignung mit dem Pendel.

SCHÜTZENDE KRISTALLE

SCHWARZER TURMALIN, JET, RAUCHQUARZ, SCHWARZE JADE UND FLUORIT
absorbieren Energie und lenken ab.

TÜRKIS
schützt vor Elektrosmog.

AMETHYST UND ROSENQUARZ
ziehen liebevolle Energie an.

BERNSTEIN UND HELIOTROP
beseitigen negative Energie.

LINKS *Rauchquarz wird manchmal bestrahlt, damit er dunkler wird (links im Bild). Ein natürlicher Stein (rechts) kann Elektrosmog besser abwehren. Der bestrahlte Kristall verstärkt ihn sogar!*

DIE UMWELT

Die Umwelt kann negative Energie ausstrahlen. Dem können Sie mit einem geeigneten Kristall, zum Beispiel Türkis oder Turmalin, abhelfen. Ein spitzer Stein sollte vom Haus weg zeigen, damit er negative Energie reflektiert oder in positive umwandelt.

RECHTS *Ein Kristall (mit abgewandter Spitze) vor der Haustür reflektiert negative Energie.*

Kernstrahlung

Wenn Sie in der Nähe eines Atomkraftwerkes oder in einer radiologischen Praxis arbeiten, können Kristalle Sie schützen. Manche Gegenden sind von Natur aus radioaktiv oder haben unter radioaktiven Niederschlägen gelitten. Malachit, Rauchquarz, Herkimer-Diamant, gelber Kunzit und Sodalith absorbieren Strahlung und schützen vor Infrarot-, Mikrowellen- und Radarstrahlen.

Schützen Sie sich und Ihre Aura

Die subtilen Körper, die den materiellen Körper einhüllen, sind eine Art Schutzschirm. Wenn diese Aura gesund ist, wehrt sie die Energie anderer Menschen ab und schützt uns vor Energieverlust. Stress und andere Faktoren können die Aura jedoch schädigen. In diesem Fall helfen schützende Kristalle.

APACHENTRÄNE

LABRADORIT

UNTEN *Kristalle halten auch die Aura gesund, so dass Sie vor fremder Energie und vor Energieverlust geschützt sind.*

AURASCHUTZ

Die Aura ist ein Energiefeld, das den materiellen Körper umgibt. Sie ist aktiv und schwingt, auch wenn das Auge sie nicht sieht. Ihre einzelnen Schichten haben unterschiedliche Farben. Die Aura grenzt uns von anderen Menschen ab. Wenn Ihnen jemand zu nahe kommt, fühlen Sie sich unwohl. Aber nicht nur physische Nähe kann unangenehm sein.

Eine schwache Aura können sogar Energien, Gedanken und Gefühle aus der Umgebung durchdringen. In solchen Fällen sollten Sie Ihre Aura schützen, um zu verhindern, dass andere in Ihre persönliche Sphäre eindringen und Sie mit ihren Gedanken und Gefühlen infizieren oder Ihnen Energie rauben. Labradorit und Apachentränen sind gute Auraschützer. Fluorit erzeugt ebenfalls einen Schutzschild.

ENERGIEVAMPIRE

Manche Menschen sind Vampire, aber sie rauben uns kein Blut, sondern Energie. Wir alle kennen Menschen, in deren Gesellschaft wir uns zwar wohl fühlen, die uns aber müde zurücklassen, wenn sie gehen. Das sind Energievampire! Zum Glück brauchen Sie solchen Menschen nicht aus dem Weg zu gehen. Die richtigen Kristalle sorgen dafür, dass Sie Ihre Energie behalten. Grüner Aventurin ist ein Schutzschild für das Herz, und Labradorit schützt vor Energieverlust aller Art. Schwarzer Turmalin lässt den Vampir nicht so nah heran, dass er Ihre Energie verschlingen könnte.

KRISTALLE FÜR DIE AURA

Es gibt mehrere Möglichkeiten, die Aura zu kräftigen. Ein Weg sind die Chakras, die den materiellen Körper mit der Aura verbinden. Wenn sie ausgewogen sind, stärken sie die Aura und verhindern Energieverlust.

OBEN *Bernstein ist ein vorzüglicher Auraschutz und ein attraktiver Schmuck.*

Wenn Sie mit anderen Menschen zusammenkommen, sollten Sie einen schützenden Kristall tragen. Steigen Sie frisch und munter in einen Bus ein – und erschöpft aus? Dann brauchen Sie Auraschutz. Tragen Sie den richtigen Kristall, und Sie fühlen sich nie mehr ausgelaugt.

Kristalle können auch Löcher in der Aura schließen, deren Ursache zum Beispiel Operationen, schwächende Krankheiten oder seelische Probleme sind. Wenn Sie mit einem Kristall langsam über die Aura streichen, fühlt ein Loch sich kalt und kraftlos an. Lassen Sie den Stein eine Weile an dieser Stelle, bis sie sich warm und kräftig anfühlt – das Loch ist „repariert". Amethyst, Karneol, Citrin und Quarz heilen die Aura. Selenit und Kunzit beseitigen unerwünschte Gedanken und andere Einflüsse.

OBEN *Der richtige Kristall stärkt und schützt die Aura und die Chakras. Dieser schwarze Turmalin reflektiert negative Energie.*

KRISTALLE FÜR DIE AURA

BERNSTEIN	*Ein alter Schutzstein, der für Harmonie zwischen Körper, Seele und Geist sorgt, negative Energie beseitigt und die Aura reinigt.*
AMETHYST	*Reinigt und schützt die Aura sanft, heilt Löcher und zieht göttliche Energie an.*
APACHENTRÄNE (KLARER SCHWARZER OBSIDIAN)	*Schützt die Aura sanft vor negativer Energie.*
SCHWARZE JADE	*Schützt die Aura vor negativer Energie.*
HELIOTROP	*Ein vorzüglicher ätherischer Schutz für die Aura.*
CITRIN	*Reinigt und harmonisiert die Aura, stopft Löcher.*
FLUORIT UND TURMALIN	*Errichten einen Schutzschild.*
GRÜNER TURMALIN	*Heilt Löcher in der Aura.*
JET	*Schützt die Aura vor negativen Gedanken anderer Menschen.*
LABRADORIT	*Verhindert Energieverlust, schützt durch spirituelle Energie.*
MAGNETIT	*Stärkt die Aura.*
QUARZ	*Reinigt, schützt und stärkt die Aura und heilt Löcher.*
KUNZIT UND SELENIT	*Schützen die Aura vor fremder Energie.*
RAUCHQUARZ	*Erdet Energie und löst negative Energie in der Aura auf.*

AURASCHWÄCHE

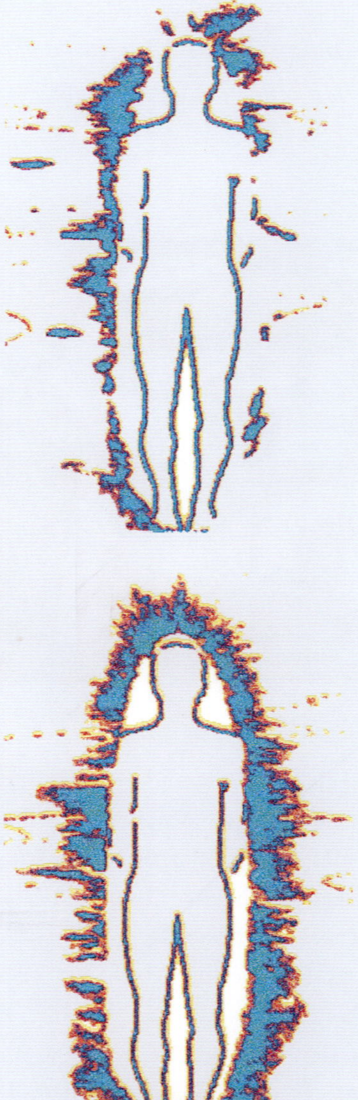

Das Foto oben zeigt eine durchlöcherte Aura. Die Ursache der Erschöpfung waren Krankheit, der Tod einer engen Freundin und ein übel wollender Geschäftspartner. Das Farbfoto rechts zeigt, wie gestört die Aura war. Auf dem unteren Bild hält die Frau einen klaren Quarzkristall in Nabelhöhe. Hier ist die Aura viel größer, und fast alle Löcher sind geheilt.

ÜBERSINNLICHE ANGRIFFE

Es kann sein, dass jemand Ihnen absichtlich oder unabsichtlich böse Gedanken oder Wünsche zuschickt. Gründe können Neid, Eifersucht, Wut oder Dummheit sein. Ein schwarzer Turmalin an einem Halsband reflektiert diese Energie. Ein Feuerachat schickt die Energie zum Absender zurück, so dass dieser ihre Wirkung spürt. Rosenquarz ersetzt Aggression durch Liebe.

Schützende Kristalle

Zölestin lockt einen Schutzengel an.
Amethyst vermittelt göttlichen Schutz.
Schwarzer Turmalin reflektiert negative Energie und übersinnliche Angriffe.
Pyrolusit beseitigt negative Energie aus der materiellen oder spirituellen Welt.
Feuerachat schickt negative Energie zur Quelle zurück.

OBEN *Dieses Foto zeigt eine extrem schwache Aura. Schützende Engel verhinderten totalen Energieverlust.*

UNERWÜNSCHTE GEDANKEN

Manche Menschen glauben zu wissen, was für Sie am besten ist oder was Sie tun sollten. Das kann trotz guter Absicht ärgerlich sein. Vielleicht fangen Sie die Gedanken anderer auf und handeln nach ihnen, ohne es zu merken; denn solche Einflüsse können subtil und dennoch stark sein. Kristalle können dieser Manipulation ein Ende setzen.

Kunzit und Selenit beseitigen fremde Einflüsse aus der Aura. Am besten „kämmen“ Sie die Aura mit dem Stein vom Scheitel bis zur Sohle durch.

FEUERACHAT

PYROLUSIT

Talismane und Amulette

Talismane und Amulette werden seit undenklichen Zeiten verwendet. Sie bestehen aus (Halb-)Edelsteinen und werden mit einer magischen, schützenden Energie imprägniert. Viele Menschen glauben, sie enthielten eine göttliche Essenz.

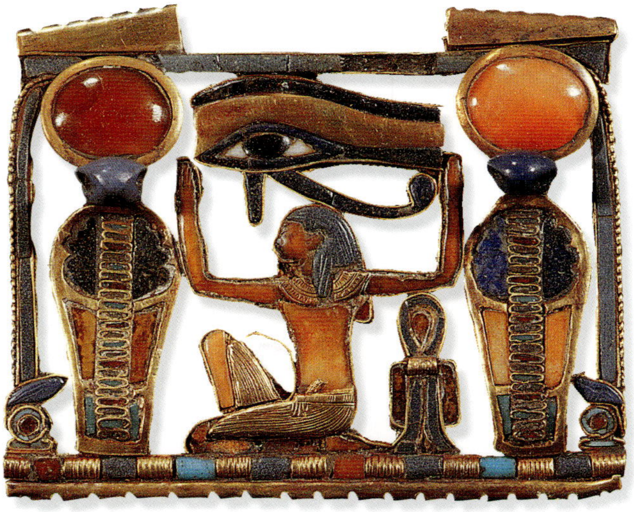

RECHTS *Das Auge des Horus, ein uraltes schützendes Symbol, ist hier mit dem Symbol der Ewigkeit zu sehen. Dieses goldene Amulett aus dem Grab des Tutenchamun enthält viele schützende Kristalle, vor allem Karneol.*

MAGISCHER SCHUTZ

Die alten Ägypter stellten Amulette und Talismane aus Gold, Silber und Edelsteinen her – aus dem „Fleisch der Götter". Statuen und Amulette enthielten die Essenz und die Attribute eines Gottes und galten als lebendig. Statuen schützen sowohl Gruppen als auch Individuen. Amulette wurden aus Edelsteinen wie Lapislazuli oder Türkis geschnitten.

Für noch wirksamer hielten die Ägypter Halbedelsteine wie Chrysokoll, Malachit, Selenit, Hämatit, Calcit und Magnetit. Selbst die einfachsten Bauern trugen ein Amulett am Hals, und die Adeligen wurden mit Talismanen begraben, die sie sicher in die andere Welt brachten. Heute noch tragen Ägypter das schützende Auge des Horus oder den Skarabäus, und Händler bieten den Touristen an jeder Straßenecke Amulette an.

Der Glaube an die Macht der Talismane und Amulette war auch in Amerika, Europa und Asien weit verbreitet. Aus Ägypten gelangte er nach Griechenland und Rom, und im mittelalterlichen Europa trugen Bauern und Adlige ein Amulett aus Amethyst, um sich vor Trunkenheit zu schützen. Daraus entstand der Brauch, Ringe mit Edelsteinen zu tragen. Den Kristallen werden heute noch schützende Kräfte zugeschrieben.

RECHTS *Die alten Ägypter gaben ihren Mumien einen Skarabäus mit, um die Seele auf dem Weg ins Jenseits zu schützen. Er wird heute noch Touristen angeboten. Dieses Armband aus Tutenchamuns Grab besteht aus Gold, Lapislazuli, Karneol und Türkis.*

KRISTALLE, DIE DAS WAHRSAGEN FÖRDERN

- *Amethyst*
- *Apophyllit*
- *Azurit mit Malachit*
- *Zölestin*
- *Chrysokoll*
- *Lapislazuli*
- *Selenit*

LINKS *Entspannen und konzentrieren Sie sich, bevor Sie in der Kugel „lesen". Ein Selenitkristall wie dieser erlaubt Ihnen einen Blick in die Vergangenheit.*

DER UMGANG MIT DER KUGEL

Halten Sie die Kugel eine Weile in den Händen, um sie zu laden. Konzentrieren Sie sich auf ein Problem, und denken Sie über Lösungen nach. Legen Sie die Kugel dann auf ein Tuch aus schwarzer Seide oder Samt. Sie können das Zimmer abdunkeln oder hell beleuchten. Kerzenlicht ist oft vorteilhaft.

Entspannen Sie sich, und schauen Sie konzentriert in die Kugel. Versuchen Sie nicht, Bilder zu sehen; sie sollten von selbst erscheinen. Wenn Sie Glück haben, bewölkt sich die Kugel, als bilde sich in ihr Nebel.

Entspannen Sie die Augen, und halten Sie nach Symbolen oder Bildern im Kristall oder vor Ihrem geistigen Auge Ausschau. Wenn der Nebel sich auflöst, notieren Sie, was Sie gesehen haben und welche Eindrücke Sie empfangen haben. Manches mag Ihnen unsinnig vorkommen, ähnlich wie die Bilder vor dem Einschlafen. Wenn Sie Geduld haben, lernen Sie, die Bilder zu deuten.

Wenn Sie bereit sind, für andere wahrzusagen, bitten Sie die Ratsuchenden, die Hände um die Kugel zu legen, ohne sie zu berühren. Nach einigen Minuten ist der Kristall auf die neue Energie eingestimmt. Fahren Sie dann fort wie üblich, und bitten Sie um Kommentare, damit Sie daraus lernen.

UNTEN *Notieren Sie, was Sie sehen und fühlen. Mit der Zeit erhalten Sie so ein persönliches Lexikon der Symbole.*

Kristallträume

In der alten Zeit versuchten die Menschen auch, in ihren Träumen in die Zukunft zu schauen. Sie führten Träume absichtlich herbei und nahmen sie überaus ernst. Wenn Sie träumen wollen, können Kristalle Ihnen dabei helfen, und wenn Kristalle in einem Traum erscheinen, erleichtern sie die Deutung.

OPAL

RUBIN

LAPISLAZULI

ONYX

In Traumbüchern steht, dass Sie reich werden, wenn Sie von einem Opal träumen. Wenn Sie einen Amethyst sehen, bringen unerwartet gute Nachrichten Ihnen Seelenfrieden, und ein Aquamarin verspricht eine glückliche Liebe – sofern Sie nicht träumen, ihn verloren zu haben. Polierter Achat warnt vor Streit zwischen Freunden. Der Heliotrop sagt eine unglückliche Affäre voraus, und der Rubin symbolisiert Leidenschaft. Diamanten sind doppeldeutig. Wenn Sie einen besitzen, sagt ein geträumter Diamant kleine Verluste voraus; wenn Sie keinen Diamanten besitzen, aber von ihm träumen, verheißt er einen Gewinn, der kleiner ist als erhofft. Jade verkündet Wohlstand, und der Smaragd verspricht Glück. Der Jet warnt vor traurigen Nachrichten, Quarz warnt vor Betrug durch einen Menschen, dem Sie vertrauen. Wenn Sie von Lapislazuli träumen, passen Sie sich den Umständen gut an. Onyx enthüllt, dass Sie eine wichtige Entscheidung hinausschieben und guten Rat brauchen. Wenn dieser Stein im Traum bricht, bringt er Glück. Wenn Sie im Traum jemanden einen Saphir tragen sehen, ändert sich Ihr Status dank einflussreicher Freunde. Falls Sie den Stein im Traum selbst tragen, sollten Sie sich vor Impulsivität hüten. Wenn Licht durch einen Kristall scheint, wird ein Problem bald gelöst.

RECHTS *Kristalle werden seit langem benutzt, um Träume herbeizuführen. Sie können aber auch in Träumen erscheinen.*

Kristalle legen

Mit einer Handvoll gemischter Kristalle können Sie in die Zukunft sehen. Legen Sie die Steine in einen Beutel, stellen Sie Ihre Frage und holen Sie die ersten zwei oder drei heraus, die Sie berühren – sie geben die Antwort.

Sie können die Kristalle auch auf ein spezielles Brett werfen und die Antworten des Brettes mit der Weisheit der Kristalle verbinden.

Edelsteine wurden oft zum Wahrsagen benutzt. Als Ersatz eignen sich klarer Quarz für Diamanten, Peridot für Smaragde und Granat für Rubine.

DIE BEDEUTUNG DER KRISTALLE

ACHAT *Materieller Erfolg*

AMETHYST *Veränderungen im Leben oder im Bewusstsein*

SCHWARZER ACHAT *Mut und Wohlstand*

ROTER ACHAT *Gesundheit und langes Leben*

AVENTURIN *Wachstum und Expansion*

BLAUER STREIFENACHAT *Sie brauchen Heilung*

CITRIN *Himmlische Weisheit*

DIAMANT *Dauerhaftigkeit*

SMARAGD *Fruchtbarkeit*

HÄMATIT *Neue Chancen*

JADE *Unsterblichkeit und Vollkommenheit*

ROTER JASPIS *Weltliche Dinge*

LAPISLAZULI *Göttliche Gunst*

QUARZ *Probleme werden gelöst*

ROSENQUARZ *Liebe und Selbstheilung*

RUBIN *Macht und Leidenschaft*

SAPHIR *Wahrheit und Keuschheit*

SCHNEEFLOCKEN-OBSIDIAN *Das Ende einer schwierigen Zeit*

TIGERAUGE *Der Schein trügt*

SCHNEEQUARZ *Tief greifende Änderungen*

UNAKIT *Kompromiss und Integration*

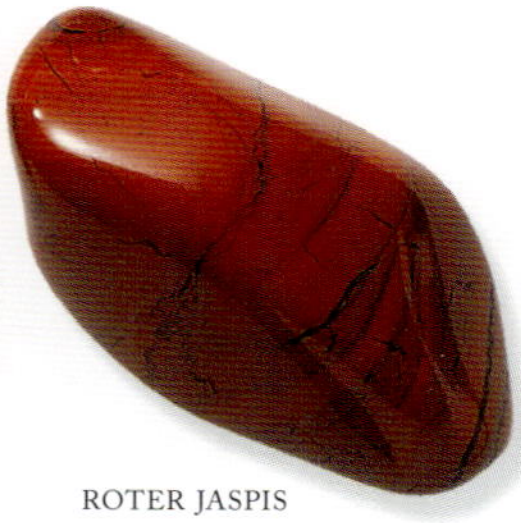

ROTER JASPIS

BLAUER STREIFENACHAT

TIGERAUGE

QUARZ

SCHNEE-FLOCKEN-OBSIDIAN

C116
L101
R144
R141
R135
R133
C118

6 Kristall-Eigenschaften

Kristalle haben ganz spezielle Eigenschaften. Einige dieser Merkmale hat die ganze Kristallfamilie gemeinsam, andere sind bestimmten Kristallen vorbehalten. Diese Qualitäten der Kristalle können wir uns zunutze machen, auf der materiellen wie auf der spirituellen Ebene. Besonders wertvoll ist die Anziehungskraft der Kristalle und ihre Fähigkeit, unter Druck Energie – bisweilen auch Licht – abzugeben. Genau genommen werden Elektronen freigesetzt, sobald der Druck nachlässt, und anschließend wieder eingegliedert. Dabei entsteht Energie. Manche Kristalle, zum Beispiel Topas, erzeugen statische Elektrizität, wenn man sie reibt oder erhitzt.

Dank seiner besonderen Eigenschaften kann Quarz elektrostatisch gefärbt sein. Dieses schöne Stück Aquamarin ist goldbedampft, was seine Qualitäten verändert. Das Gold verstärkt seine Energie, aktiviert die Chakras und reinigt die Aura.

Die größte Kristallfamilie ist der Quarz, der auf jedem Kontinent zu finden ist. Es handelt sich um große oder kleine, sechsseitige Kristalle, die einzeln oder in Gruppen sowie in verschiedenen Farben vorkommen. Sie bestehen aus den Grundbausteinen der Mineralien: Silizium und Sauerstoff. Klarer Quarz sandte die ersten Radiowellen aus. Die moderne Technik nutzt seine Fähigkeit, Energie zu empfangen und abzugeben. Er hat das Computerzeitalter möglich gemacht.

Quarz ist außerdem ein vorzüglicher Heilstein, ein Energieregulator für den materiellen Körper. Er vergrößert die Aura und unterstützt den Muskeltest, mit dem man unter anderem feststellt, ob Organe gesund und Nahrungsmittel bekömmlich sind. Quarz kann heilen, schützen, Wohlstand anziehen, die Intuition fördern und negative Energie auflösen.

Mit Kristallen erden

Braune, schwarze und grüne Steine erden Energie. Sie können die feinstofflichen Körper im materiellen Körper und die Füße fest im Boden verankern, Spiritualität auf die materielle Ebene bringen und negative Energie in positive umwandeln.

Karneol
Der durchscheinende orangerote Karneol ist eng mit der Erde verbunden. Er bewirkt, dass Sie sich in Ihrer Umgebung wohl fühlen, als hätten Sie einen Anker in der materiellen Welt. Karneol vertreibt während der Meditation unerwünschte Gedanken. Er hilft Ihnen, Ihr Leben in den Griff zu bekommen.

Grüner Fluorit
Der durchsichtige, oft kubische grüne Fluorit erdet überschüssige Energie. Er verhindert seelische Übererregung, verankert die Intuition in der Wirklichkeit und verbessert die übersinnliche Wahrnehmung. Nehmen Sie diesen Stein beim Meditieren in die Hand, um ruhig zu werden und Energie zu erden.

Hämatit
Hämatit glänzt metallisch. Er kann silberfarben, stahlgrau, grauschwarz und rötlich sein oder rote Flecken haben. Als Eisenoxid ist er magnetisch und stark mit der Erde verbunden. Er hilft Ihnen, wenn Sie nicht mit beiden Füßen fest auf dem Boden stehen oder Probleme haben. Hämatit wandelt negative Energie in positive um.

Boji-Stein
Dieser metallische Stein mit hohem Pyritgehalt und enger Verbindung zur Erde hat zwei „Geschlechter". Der weibliche ist glatt und rund, der männliche ist kubisch. Boji-Steine harmonisieren die Chakras und die Aura und erden sanft nach der Meditation oder nach einer Therapie.

ANDERE
ERDENDE KRISTALLE

✤ *Bernstein* ✤ *braune Jade* ✤ *Jaspis* ✤ *Onyx* ✤ *Rauchquarz* ✤ *Schneeflocken-Obsidian*

UNTEN *Kristalle verankern uns im Körper und schützen die Aura. Ein Hämatit in der Tasche erdet.*

HÄMATIT

GRÜNER FLUORIT

MÄNNLICHER BOJI-STEIN

KARNEOL

WEIBLICHER BOJI-STEIN

Negative Energie zerstreuen

RAUCHQUARZ

Negative Energie macht den materiellen Körper und seine Umgebung schwer. Wenn wir diese Energie mit Kristallen beseitigen, fühlen wir uns sofort leichter. Schwarze Steine absorbieren negative Energie, andere Farben stärken die positive Energie.

LINKS *Rauchquarz absorbiert negative Energie am besten.*

Rauchquarz
Der durchsichtige oder durchscheinende Rauchquarz ist hellbraun bis fast schwarz. Er erdet stark und kann negative Energie im Körper und in der Umgebung neutralisieren.

Grüner Calcit
Der durchscheinende, wächserne grüne Calcit entfernt negative oder stagnierende Energie und hilft Ihnen, sich neuen Herausforderungen zu stellen.

Chalcedon
Chalcedon fördert die Innenschau. Er löst Selbstzweifel und negative Einstellungen auf und gibt neue Begeisterung. Negative Energie kann er zerstreuen. Er gehört zu den wenigen Kristallen, die man nicht nach jedem Gebrauch reinigen muss.

Jade
Jade gibt es in verschiedenen Farben, von denen jede spezifische Eigenschaften hat. Alle lösen negative Gedanken und Energien auf.

Jet
Jet ist hartes, fossiles Holz. Er absorbiert negative Energie, beseitigt unbegründete Furcht und macht optimistisch.

Apachenträne
Dieser durchscheinende, wassergeglättete Stein beseitigt negative Energien aller Art, vor allem jene, die andere Menschen ausstrahlen. Er absorbiert diese Energie und löst sie auf.

Citrin
Citrin ist ein klarer, bräunlicher Quarz, der negative Energie auflöst, ohne sie zu absorbieren, so dass man ihn nicht reinigen muss. Citrin zerstreut auch negative Gedanken und hilft Ihnen, konstruktive Kritik hinzunehmen.

Bernstein
Bernstein zieht negative Energie aus dem Körper und fördert dadurch die Selbstheilungskraft. Außerdem löst er Energien aus der Umwelt auf.

OBEN *Wenn negative Energie aufgelöst wird, fühlen Sie sich wieder dynamisch und vital.*

APACHENTRÄNE

BERNSTEIN

Kreativität

RECHTS *Wählen Sie den richtigen Stein aus. Gelber Fluorit passt vorzüglich zu einem Musiker. Für eine Solovorstellung wäre Citrin besser.*

Wenn Sie Ihre schöpferische Energie nutzen, zehren Sie von Ihrer Essenz, Ihrer Intuition und Ihrem Intellekt gleichermaßen. Kreativität würzt das Leben mit Inspiration. Ohne sie gäbe es keine neuen Pläne, keine neuen Lösungen, weder Kunst noch Literatur. Kristalle – vor allem gelbe und blaugrüne Steine – entfachen diese schöpferische Kraft.

MALACHIT

CHRYSOPRAS

CITRIN

TÜRKIS

CHIASTOLITH

Chrysolith
Stärkt die Inspiration.

Chrysopras
Macht aufgeschlossen, bringt frische Ideen, weckt unbekannte Talente.

Citrin
Macht kreative Energie nutzbar, bringt innere Ruhe und hilft Ihnen, konstruktive Kritik anzunehmen.

Grüner Turmalin
Ein vorzüglicher Problemlöser.

Türkis
Sehr nützlich für kreatives Problemlösen. Hilft Ihnen, eine Situation und Ihre Rolle darin zu verstehen.

Aventurin mit Malachit
Beseitigt geistige Blockaden, weckt die Intuition und bringt göttliche Inspiration.

Amazonit
Filtert Informationen und verbindet sie mit der Intuition; fördert dadurch die Kreativität.

Karneol
Nutzt Erfahrungen, um die Kreativität zu stärken. Fördert Neugier und Begeisterung.

Chiastolith
Hilft, Kreativität in die Praxis umzusetzen.

Gelber Fluorit
Unterstützt den Intellekt und die Kreativität sowie den Teamgeist.

GELBER FLUORIT

AMAZONIT

ORANGEFARBENER CALCIT

GRÜNER TURMALIN

KARNEOL

SMARAGD

TOPAS

RUBIN

Vitalität

Unausgeglichenheit im materiellen Körper raubt uns die Vitalität – und ohne Vitalität ist das Leben mühselig. Kristalle beseitigen Blockaden, so dass die Energie wieder frei fließt. Wer vital ist, kann alles erreichen. Das Leben ist eine Lust, und neue Ideen fließen uns zu. Gelbe, orangefarbene und rote Kristalle machen vital. Manchmal stimuliert Rot jedoch zu stark.

Topas
Gibt neue Energie. Seine Farbe gleicht der Sonne, die durch Wolken bricht. Seine warme, Leben spendende Energie macht Sie vital.

Rubin
Ein Stein der Leidenschaft. Er verstärkt und speichert Energie, so dass Sie davon zehren können.

Apophyllit
Bringt Energie und Licht. Natürliche Pyramiden aus Apophyllit stimulieren.

Chalcedon
Steigert die körperliche Energie und Ausdauer.

Dioptas
Harmonisiert Yin und Yang, reinigt die Chakras, stärkt Körper, Seele und Geist.

Aventurin
Schützt die Herzchakras, verhindert Energieverlust.

Achat
Ein erdender Stein, der Körper und Seele harmonisiert. Dendriten-Achat bündelt Energie in verwirrenden Situationen und verhindert Energieverlust.

Heliotrop
Hilft Ihnen, im Augenblick zu leben, und erneuert den materiellen Körper und die Aura. Macht vital und ausdauernd, öffnet das Herz für schwierige Erfahrungen.

Smaragd
Sorgt für Harmonie im Herzen, aus dem die Vitalität fließt. Steigert die Freude über das Positive im Leben.

APOPHYLLIT

CHALCEDON

DIOPTAS

ANDERE STEINE FÜR VITALITÄT

• Citrin • Granat • Jaspis • orangefarbener Calcit • Rutilquarz • Topas

RECHTS *Der richtige Kristall macht Sie schnell vital.*

HELIOTROP

DENDRITEN-ACHAT

AVENTURIN

Frieden und Entspannung

UNTEN *Ausgewählte Kristalle auf dem Körper fördern Frieden und Entspannung.*

Eine der größten Gaben, die wir von Kristallen empfangen können, sind Frieden und Entspannung. Wenn Sie sich „durchgedreht" fühlen, bringt ein Kristall das innere Gleichgewicht sanft zurück. Wenn Sie nervös sind, beruhigt ein Kristall Körper, Seele und Geist. Ein Kristall auf einem Chakra setzt gespeicherte Energie frei und entspannt.

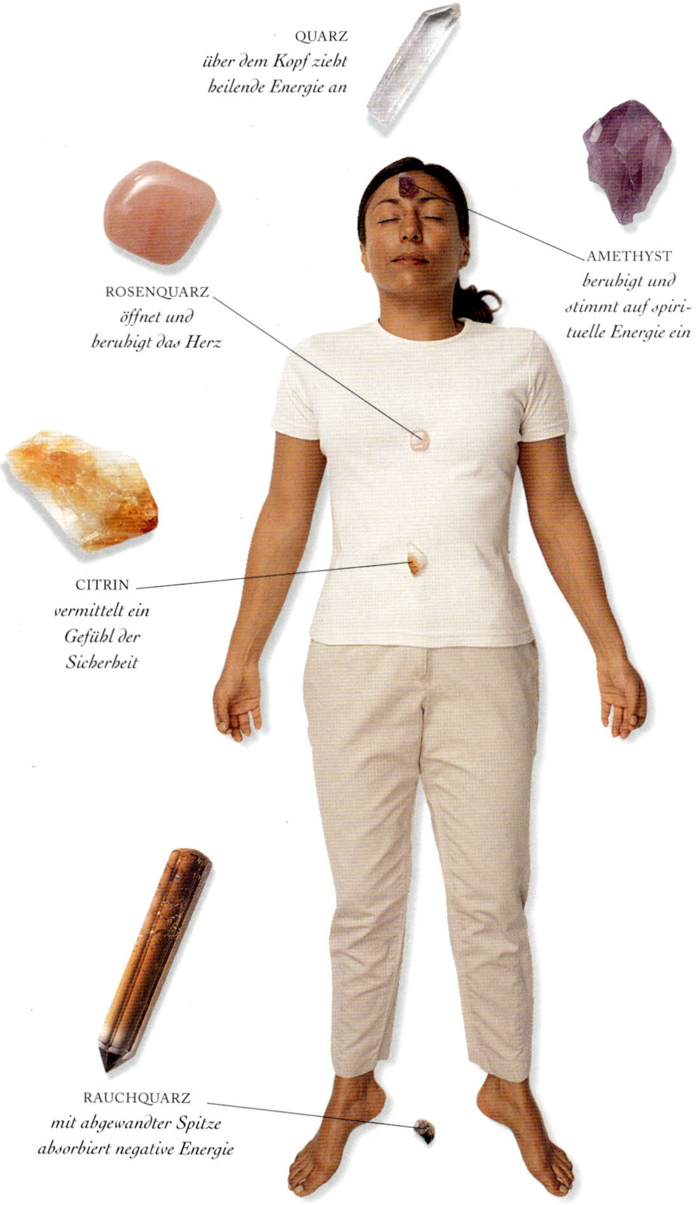

Entspannende Kristalle kann man anhand ihrer Eigenschaften oder Farben auswählen. Rosa und Grün wirken besonders entspannend. Einige violette Steine heben das Bewusstsein aus der Verspannung in den Frieden empor, und manche gelben Kristalle bringen Seelenfrieden.

Quarz

Quarz fördert die Entspannung sehr. Rosenquarz beruhigt und öffnet das Herz. Rauchquarz, dessen Spitze zur Erde zeigt, absorbiert Stress und negative Energie aus der Basis der Wirbelsäule. Klarer Quarz – auf dem Scheitel oder darüber – zieht heilende Energie an. Amethyst, der auf die Stirn zeigt, beruhigt die Gedanken. Wenn Sie Citrin auf den Nabel legen (die Spitze zeigt nach unten), fühlen Sie sich sicherer. Legen Sie sich fünf Minuten mit den Kristallen hin, und Sie spüren die Wirkung; nach zwanzig Minuten geht es Ihnen wunderbar.

DIOPTAS

Chrysopras

Hat die Farbe grüner Äpfel und strahlt Ruhe und Frieden aus. Er bringt Einsichten, macht aufgeschlossen für neue Situationen und hilft, in Zeiten des Wandels entspannt zu bleiben.

Blaue Jade

Hilft, wenn Sie eine Situation nicht mehr im Griff haben. Sie macht geduldig und gelassen und verhilft zu langsamem, aber stetigem Fortschritt.

Kunzit

Mit seinen zarten Streifen hebt die Stimmung und strahlt Frieden aus. Auf dem Herzchakra ist er am wirksamsten.

KUNZIT

BLAUE JADE

CHRYSOPRAS

RHODONIT

ANDERE ENTSPANNENDE STEINE

Aventurin ✤ Bernstein ✤ Dioptas ✤ Jaspis ✤ Peridot ✤ Variscit

Rhodonit

Ist elegant und rosa. Er hilft Ihnen, mitten in einer Krise ruhig und gefasst zu bleiben.

Herkimer-Diamant

Ist kristallklar und absorbiert Stress aus der Umgebung. Wenn Sie sehr nervös sind und nicht schlafen können, sollten Sie einige dieser Kristalle um das Bett herum legen.

WASSERMELONEN-TURMALIN

MONDSTEIN

HERKIMER-DIAMANT

Wassermelonen-Turmalin

Verbindet Rosa mit Grün und bringt Frieden durch Verständnis. Er hilft, mit der Vergangenheit Frieden zu schließen und Konflikte zu lösen.

ONYX

Onyx

Ist ein erdender Stein, der Kraft und Seelenfrieden bringt. Er hilft bei starkem psychischem Stress und lindert Furcht und Sorgen.

Mondstein

Beruhigt und harmonisiert bei Überreaktionen. Er erinnert daran, dass alles zum ewigen Zyklus gehört, und weckt die Intuition.

Selbstvertrauen und Selbstwertgefühl

Wer viel Selbstvertrauen hat, besitzt auch ein natürliches Selbstwertgefühl und leidet nicht an Schüchternheit und übertriebener Zurückhaltung. Wenn Sie Ihren Wert kennen, setzen Sie sich durch. Wenn Ihnen daran mangelt, können Kristalle gute Dienste leisten.

OBEN *Der richtige Kristall kann Ihr Selbstvertrauen stärken.*

Chalcedon
Beseitigt Selbstzweifel, ermöglicht objektive Selbstanalyse und steigert dadurch das Selbstwertgefühl.

Chrysokoll
Stärkt das Selbstvertrauen und hilft, die Wahrheit zu sagen.

Hämatit
Verbessert geringe Selbstachtung. Früher glaubte man, er mache unbesiegbar, heute verhilft er zu Selbsterkenntnis.

Tigerauge
Hilft, die eigenen Talente zu erkennen, und stärkt das Selbstbewusstsein.

Rutilquarz
Steigert die Willenskraft, das Selbstvertrauen und die Entschlusskraft. Gibt ruhiges Selbstvertrauen.

Grüner Turmalin
Hilft Ihnen, unerfreuliche Situationen zu erkennen und zu meiden, ehe Sie darin verwickelt werden. Dies stärkt das Selbstvertrauen.

Azurit
Ist ein dynamischer Stein, der Ihnen hilft, sich selbst zu verstehen und die eigenen Fähigkeiten zu entdecken.

WASSERMELONEN-TURMALIN

RUTILQUARZ

HÄMATIT

CHALCEDON

CHRYSOKOLL

TIGERAUGE

AZURIT

Der Sinn des Lebens

Wenn Sie wissen, wer Sie sind, wohin Sie gehen und welche Aufgabe Sie auf dieser Welt haben, sprühen Sie vor Energie. Wer den Sinn seines Lebens kennt, kann Berge versetzen; wer ihn nicht kennt, irrt ziellos umher.

OBEN *Ein Kristall in der Hand führt Sie zu Ihrem Lebensziel.*

DER LEBENSWEG

Wir alle haben einen Lebensweg, dem wir folgen müssen, um ein erfülltes Leben zu führen. Diesen Weg hat nicht das Ich, sondern die Seele vorgezeichnet. Kristalle wie Selenit und Quarz können Ihnen den Weg zeigen. Ein langer, dünner, klarer Quarzkristall mit einer oder mehreren völlig glatten Seiten hilft uns, mit dem Strom des Lebens zu schwimmen und unser Schicksal zu akzeptieren. Das Endziel ist Freude.

Sodalith

Hilft Ihnen, Ziele objektiv einzuschätzen, das Leben zu vereinfachen und den Weg zur Erfüllung zu finden.

SODALITH

KARNEOL

QUARZ

TOPAS

Karneol

Hilft Ihnen, eingefahrene Geleise zu verlassen. Er fördert neue Ideen, steigert die Motivation und öffnet neue Wege zum Erfolg im Einklang mit Ihrem Lebensziel.

Quarz

Sorgt für optimale Offenheit und hilft Ihnen, den Sinn und das Ziel Ihres Lebens zu finden.

Topas

Stimmt Sie auf das Unerwartete und auf unbegrenzte Möglichkeiten ein. Er wirft sein goldenes Licht auf Ihren Weg, so dass Sie Ihr Ziel sehen.

Selenit

Ruft hilfreiche Engel herbei, die Ihnen Ihr Lebensziel zeigen und Ihnen helfen, es zu akzeptieren.

Mahagoni-Obsidian

Gibt Mut auf dem Lebensweg.

MAHAGONI-OBSIDIAN

SELENIT

Die Intuition wecken

ZÖLESTIN

Die Intuition ist unser sechster Sinn. Sie sieht weiter als der Intellekt und weiß mehr als die Vernunft. Sie springt ins Ungewisse und kommt mit Antworten zurück. Kristalle helfen Ihnen, die Intuition zu entwickeln.

OBEN *Amethyst wird seit Jahrtausenden benutzt, um die Intuition zu stärken.*

Amethyst
Stärkt die Intuition und macht Sie empfänglich für ihre Eingebungen.

SODALIT

Gelber Calcit
Fördert die Meditation und schärft die Intuition.

Lapislazuli
War im alten Ägypten ein heiliger Stein. Er verbessert die Intuition und die übersinnlichen Fähigkeiten.

Mondstein
Verbindet Sie mit dem Mond, dem Hüter des unbewussten, intuitiven Wissens.

LAPISLAZULI

MONDSTEIN

Sternsaphir
Enthält einen fünfzackigen Stern, der Sie in die Tiefe der Intuition zieht.

Apophyllit
Befreit die Intuition, wenn Sie ihn ans dritte Auge halten.

Amazonit
Ermöglicht Hellsehen, wenn Sie ihn ans dritte Auge halten.

AMAZONIT

Selenit
Hebt Sie auf eine höhere Bewusstseinsebene empor, wo Sie mühelos Zugang zur Intuition haben.

Zölestin
Bringt Sie in Kontakt mit Engeln, die Ihre Intuition wecken.

Sodalith
Verbindet die Intuition mit kritischem Urteil.

Rauchquarz
Ist ein traditioneller Stein für Kristallseher. Er erdet und schärft die Intuition.

Azurit
Weckt übersinnliche Fähigkeiten.

RAUCHQUARZ

AZURIT

SELENIT

APOPHYLLIT

Frühere Leben

GRANAT

HERKIMER-DIAMANT

Träume, Intuition, spontane Erinnerungen und Meditation erlauben einen Blick in vergangene Leben, sobald die Seele sieht, dass es für das Ich Zeit dafür ist. Legen Sie einen geeigneten Kristall, zum Beispiel Variscit, unter Ihr Kopfkissen, und bitten Sie um einen Traum, der ein früheres Leben enthüllt.

KARNEOL

Mit der richtigen Anleitung können Sie sich mit Hilfe von Hypnose und anderen Methoden in ein früheres Leben versetzen und wichtige Einsichten gewinnen oder alte Blockaden beseitigen. Unternehmen Sie solche Experimente jedoch nicht allein!

Bewusstseinserweiterung

Azurit stärkt das spirituelle Bewusstsein und die Phantasie. Wenn Sie mit einem Azurit auf dem dritten Auge meditieren, öffnet sich das innere Auge der Seele, gibt Erinnerungen frei und hilft Ihnen, sich von der Vergangenheit zu lösen.

Selenit erweitert das Bewusstsein. Reiben Sie den Stein mit dem Finger, oder schauen Sie in seine milchigen Tiefen, um Bilder aus der Vergangenheit zu sehen.

Variscit, der dem Türkis ein wenig ähnelt, und Granat fördern die Traumerinnerung.

Alte Erinnerungen

Cuprit hilft Ihnen, wiederkehrende Probleme zu identifizieren, die mit Autorität oder Vaterfiguren zu tun haben.

Serpentin hat ein sehr altes Gedächtnis. Er kennt die spirituellen Ursachen der Existenz und führt Sie zurück in die ferne Vergangenheit, so dass Sie die Weisheit und das Wissen früherer Leben nutzen können. Wie alle braunen Steine ist brauner Jaspis eng mit der Vergangenheit verbunden. Er fördert die Erinnerung an frühere Leben und enthüllt Stolpersteine, die Sie heute noch mitschleppen. Um diese Steine zu beseitigen, brauchen Sie andere Kristalle.

Der Herkimer-Diamant hat ein ökologisches Gedächtnis und hilft Ihnen zu verstehen, was Sie gesehen haben. Er beseitigt Blockaden aus früheren Leben. Karneol kann Sie mit historischen Ereignissen verbinden. Die Einsichten, die Sie dabei gewinnen, eröffnen Ihnen neue Möglichkeiten in diesem Leben.

VARISCIT

OBEN UND LINKS *Auf das dritte Auge gelegt, fördert Variscit oder ein anderer Stein, z. B. Amethyst, die Erinnerung an frühere Leben. Das sollten Sie aber nicht allein versuchen.*

Fülle

Fülle ist mehr als Reichtum. Wir genießen sie, wenn wir mit der Quelle aller Existenz verbunden sind. Sie bedeutet Unterstützung, Trost, ein erfülltes Leben, Liebe und Kreativität. Fülle ist unbegrenzt, mühelos und fröhlich. Kristalle geben Ihnen die Zuversicht, dass Sie bekommen, was Sie brauchen – in Fülle.

DIE ECKE DES REICHTUMS

Das chinesische Feng Shui lehrt, dass die einzelnen Teile eines Hauses verschiedenen Aspekten des Lebens entsprechen. Als Ecke des Reichtums gilt diejenige, die von der Haustür am weitesten entfernt ist und links liegt (nach einem anderen System die Südostecke). Wenn Sie in diese Ecke einen Kristall der Fülle legen, zieht er Reichtum an. Wenn sich in dieser Ecke das Bad befindet, müssen Sie die Tür verschlossen halten und den Deckel auf die Toilette legen – sonst wird Ihr Wohlstand „weggespült".

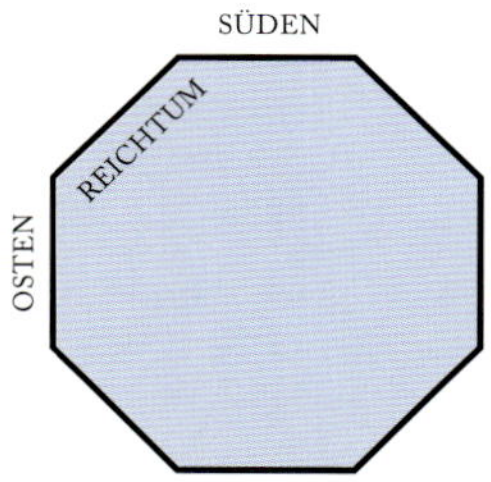

OBEN *Im Feng Shui sind die vier Himmelsrichtungen sehr wichtig, und die Ecke des Wohlstandes liegt im Südosten.*

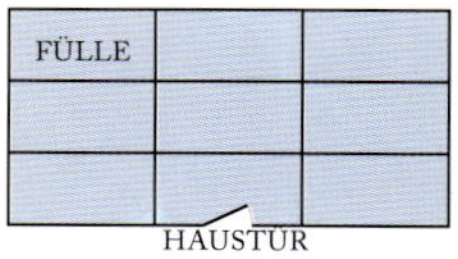

OBEN *Nach einem anderen Feng-Shui-System liegt die Ecke der Fülle links von der Haustür.*

Gelber Saphir

Wird mit Ganesh, dem Hindugott des Wohlstandes, assoziiert. Er zieht Reichtum an. Wenn Sie ihn tragen, sollte er den Finger berühren.

Der Kristall der Fülle

Ist ein langer Quarzkristall mit vielen kleinen Kristallen an der Basis. Er fördert Träume, Wohlbefinden und Liebe und bringt Segen und Wachstum auf allen Ebenen.

Tigerauge

Ist ein Schmuckstein, der hilfreiche Menschen anlockt. Er zeigt Ihnen, was Sie tun sollen, und zieht Fülle an. Das Tigerauge macht Ihnen bewusst, was Sie brauchen, und bringt Bedürfnisse ins Gleichgewicht. Außerdem hilft Ihnen dieser Stein, Wohlstand zu bewahren.

Falkenauge

Ist eine dunklere Varietät des Tigerauges und gleicht dem durchdringenden Auge eines Falken. Es stimuliert, gibt Energie und zieht hilfreiche Menschen und nützliche Dinge an.

FALKENAUGE

GELBER SAPHIR

TIGERAUGE

KRISTALL DER FÜLLE

PERIDOT

Topas

Lässt die warme Sonne auf Sie scheinen. Er hilft, die Freuden des Lebens zu schätzen, und zieht Fülle an. Topas nutzt Ihre natürlichen Talente und eröffnet unbegrenzte Möglichkeiten. Er macht Ihnen klar, dass Sie Hilfe bekommen, wenn Sie anderen Hilfe geben. Topas in einem Silberstab zieht Fülle an wie ein starker Magnet. Ungewöhnlich ist, dass seine Facetten negative und positive Energie zugleich ausstrahlen. Dadurch verbindet er Sie mit Kräften, die Wünsche erfüllen.

TOPAS

Karneol

Hilft Ihnen, sich selbst zu helfen – und dann hilft Ihnen Gott, wie ein Sprichwort sagt. Karneol stärkt die Motivation, beseitigt Blockaden und verhilft zu Erfahrungen, die Sie bereichern.

Peridot

Schafft Dinge rasch herbei. Er wirkt am besten, wenn Sie Ihr Leben im Griff haben und wissen, wohin Sie gehen.

Dendriten-Achat

Ist ein „Stein der Fülle" und wurde im alten Griechenland benutzt, um die Ernte zu steigern. Er bringt Fülle ins Leben und hilft Ihnen, den Augenblick zu genießen.

Citrin

Wurde von indischen Händlern benutzt, um Reichtum anzuziehen. Legen Sie ihn in die Ecke des Reichtums in Ihrem Haus.

OBEN *Ganesh, der Hindugott des Wohlstandes, liebt gelbe Kristalle. Diese Figur ist aus einem Tigerauge geschnitzt.*

KARNEOL

CITRIN

WEITERE STEINE DER FÜLLE

Diamant ✣ Heliotrop ✣ Mondstein ✣ Moosachat ✣ roter Granat ✣ Rubin

7 Kristall-Astrologie

Zwischen den Kristallen und der Astrologie gab es immer eine enge Verbindung. Geburtssteine erden den Einfluss der Sterne, und der Tierkreis und die Planeten verstärken die Wirkung der Kristalle. Jedem Geburtszeichen sind einer oder zwei Steine zugeordnet, die mit ihm schwingen, und außerdem eine Fülle von weiteren Steinen. Ein Tierkreiszeichen umfasst nämlich zwei Monate, und jeder Monat hat seinen Kristall. Die Zeichen werden ebenfalls von Planeten regiert, die ihrerseits mit Kristallen verbunden sind. Kristalle können daher von Planeten, vom Geburtsmonat und von astrologischen Korrespondenzen beeinflusst werden.

Geburtssteine werden seit Jahrtausenden benutzt, um himmlische Einflüsse auf die Erde zu bringen.

Ursprünglich arbeiteten die Astrologen mit den fünf Planeten, die mit bloßem Auge zu sehen sind, sowie mit Sonne und Mond (die in der Astrologie als Planeten gelten). Sonne und Mond regieren je ein Zeichen, die anderen Planeten regieren zwei. Jedem Planeten sind Kristalle und menschliche Eigenschaften zugeordnet, die seine Kraft verstärken. Heute kennt die Astrologie mindestens zehn Planeten. Wenn ein neuer Planet entdeckt wird, werden ihm Metalle und Kristalle zugeordnet. Chiron ist beispielsweise vor Äonen in unser Sonnensystem eingewandert. Er wirkt heilend und schwingt mit Jungfrau, Skorpion und Schütze (ein Planetenherrscher fehlt). Der neu entdeckte Charoit hat die gleichen Qualitäten wie Chiron: Heilung, Synthese, Integration und Umwandlung.

Der Tierkreis wird in vier Elemente eingeteilt: Erde, Wasser, Luft und Feuer. Jedes Element hat andere Eigenschaften. Zeichen, die sich ein Element teilen, schwingen zusammen und können gleiche Kristalle haben.

Erdkristalle

Erde formt die Materie. Sie ist das Element der materiellen Welt, stabil und grundiert. Als praktisches, produktives Element macht sie selbstgenügsam und bringt Sicherheit. Erdzeichen sind sinnliche Zeichen. Dieses Element ist mit dem Körper und den Sinnen am engsten verbunden. Die Erdzeichen sind Stier, Jungfrau und Steinbock.

RECHTS *Die sinnlichen Erdzeichen haben Freude am Leben.*

STIER

20. April bis 20. Mai

PLANETENHERRSCHER: VENUS

GEBURTSSTEINE: SMARAGD, TOPAS

Der Stier ist ein starkes, verlässliches Zeichen. Charakteristisch für ihn sind Struktur und Ausdauer. Viele mit ihm verbundenen Kristalle erden Energie im materiellen Körper. Kunzit hilft dem Stier, Hindernisse zu beseitigen, die seine Geduld überstrapazieren könnten, und hilft uns, innere Sicherheit und unsere Mitte zu finden. Der Stier ist aber auch ein sinnliches Zeichen, das von der Venus regiert wird. Der Smaragd ist einer der Kristalle der Venus und ein Symbol der erfolgreichen Liebe.

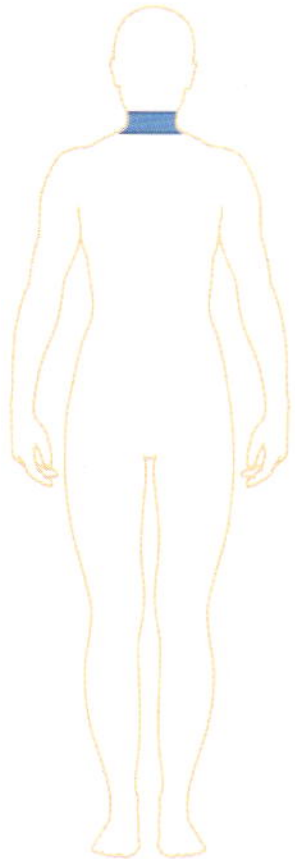

OBEN *In der medizinischen Astrologie regiert der Stier den Hals. Aquamarin lindert Halsentzündungen und öffnet das Kehlchakra.*

SMARAGD

TOPAS

WESENSVERWANDTE STEINE

Aquamarin, Azurit, Boji-Stein, Diamant, Kunzit, Lapislazuli, Malachit, Rosenquarz, Rhodonit, Saphir, Selenit, Smaragd, Tigerauge, Topas, Turmalin, Variscit

JUNGFRAU

22. August bis 22. September

PLANETENHERRSCHER: MERKUR

GEBURTSSTEINE: PERIDOT, SARDONYX

Die Jungfrau ist pragmatisch und ordentlich. Ihre typischen Merkmale sind Effizienz und Pflichterfüllung. Wie es ihrem Herrscher Merkur gebührt, besitzt sie zudem ein gutes Urteilsvermögen. Peridot, einer ihrer Geburtssteine, hilft ihr, zum Kern eines Problems oder einer Situation vorzudringen.

Die Jungfrau strebt nach Vollkommenheit, und Bernstein unterstützt sie dabei. Chrysokoll stimmt sie auf die universelle Harmonie ein und ermöglicht völlige Gesundheit. Die Gesundheit und die seelischen Ursachen von Krankheiten sind ein wichtiges Anliegen der Jungfrau. Die reinen Kristalle entzücken ihr keusches Herz.

SARDONYX

PERIDOT

WESENSVERWANDTE STEINE

Amazonit, Bernstein, blauer Topas, Dioptas, Chrysokoll, Citrin, Granat, Karneol, Magnetit, Mondstein, Moosachat, Opal, Peridot, Rutilquarz, Saphir, Sardonyx, Sodalith, Sugilith

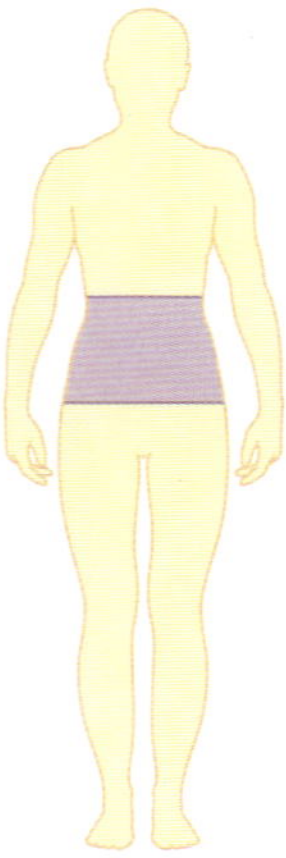

OBEN *In der medizinischen Astrologie beeinflusst die Jungfrau das Nervensystem und die inneren Organe.*

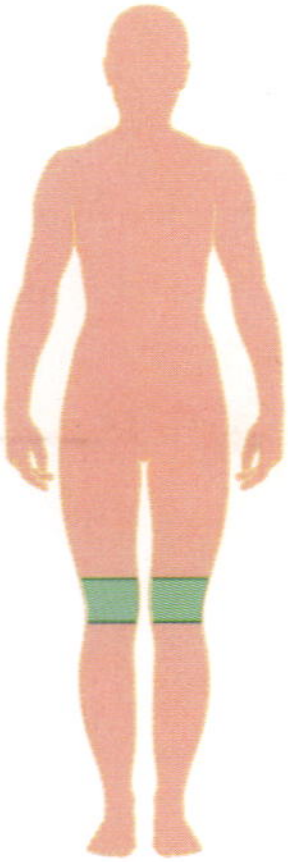

OBEN *In der medizinischen Astrologie regiert der Steinbock das Skelett, die Knie und die Haut.*

STEINBOCK

22. Dezember bis 19. Januar

PLANETENHERRSCHER: SATURN

GEBURTSSTEINE: JET, ONYX

Der ehrgeizige Steinbock arbeitet hart und ist verlässlich. Seine Hauptmerkmale sind Struktur und Disziplin. Er ist eine Vaterfigur mit Autorität. Sein Geburtsstein, der Onyx, stärkt seine Ernsthaftigkeit, seine Entschlusskraft und sein Selbstvertrauen. Jet ist ein Stein des Saturn. Er löst die saturnische Düsterkeit auf, die den Steinbock so oft überkommt. Der funkelnde Labradorit hebt die Stimmung und hilft dem Steinbock, pflichtbewusst zu sein und sein Schicksal zu akzeptieren. Einer reifen Seele zeigt er, was spirituell möglich ist. Die Gelenke des Steinbocks werden leicht steif. Azurit macht sie flexibler.

ONYX

JET

WESENSVERWANDTE STEINE

Azurit, Bernstein, Fluorit, Granat, grüner und schwarzer Turmalin, Jet, Karneol, Labradorit, Magnetit, Malachit, Onyx, Peridot, Quarz, Rauchquarz, Rubin, Türkis.

Wasserkristalle

Wasser formt die Intuition und ist mit der Welt der Gefühle und der intuitiven Wahrnehmung verbunden. Seine Sternzeichen sind empfindsam und nach innen gerichtet. Wasser ist ein passives, rhythmisches Element mit Ebbe und Flut; darum brauchen seine Zeichen – Krebs, Skorpion und Fische – Zeit, um sich zurückzuziehen, Gefühle zu verarbeiten, um erst dann wieder aufzutauchen.

RECHTS *Wasserzeichen sind die intuitiven Träumer dieser Welt.*

KREBS
21. Juni bis 22. Juli

PLANETENHERRSCHER: MOND

GEBURTSSTEINE: MONDSTEIN, PERLE

Der Krebs liebt sein Zuhause, die Natur und seine Familie. Er ist das Zeichen der Mutterschaft. Der Mondstein spiegelt die Intuition des Mondes wider; er tröstet und dämpft emotionale Überreaktionen und zu starke Sensibilität. Außerdem reguliert er Ebbe und Flut des Menstruationszyklus. Bei Vollmond kann ihn nicht jeder tragen, weil der Krebs dann am empfindlichsten ist. Der Krebs ist eng mit der Vergangenheit verbunden, und rosa Turmalin hilft ihm, sie zu akzeptieren und dem Heute zu vertrauen.

MONDSTEIN

WESENSVERWANDTE STEINE

Bernstein, Beryll, Calcit, Chalcedon, Chrysopras, Mondstein, Opal, rosa Turmalin, Rhodonit, Rubin, Smaragd

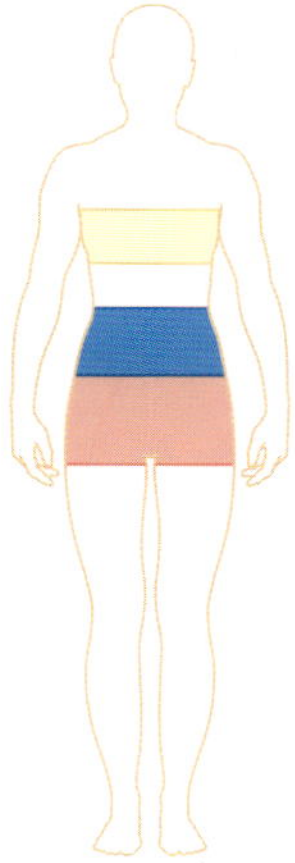

OBEN *In der medizinischen Astrologie regiert der Krebs Brust und Magen sowie (durch den Mond) die weiblichen Fortpflanzungsorgane.*

SKORPION

23. Oktober bis 21. November

PLANETENHERRSCHER: MARS, PLUTO

GEBURTSSTEINE: TOPAS, MALACHIT

Der magnetische Skorpion ist ein rätselhaftes Zeichen. Unter seiner äußerlich ruhigen Oberfläche strömen heftige Gefühle und starkes sexuelles Verlangen. Der Skorpion ist für seinen Scharfsinn bekannt, und dank seines Herrschers Pluto ist er zur Transformation fähig. Dabei hilft ihm Malachit, der Treue – eine seiner Qualitäten – fördert. Der Skorpion hat eine starke Neigung zum Okkulten und profitiert von schützenden Kristallen wie Apachentränen. Granat hilft ihm, spontan aufsteigende Kundalini-Energie zu lenken. Mit dem Topas überwindet er Groll und lernt vergeben.

TOPAS

MALACHIT

WESENSVERWANDTE STEINE

Apachentränen, Aquamarin, Beryll, Boji-Stein, Charoit, Dioptas, Granat, grüner Turmalin, Herkimer-Diamant, Kunzit, Malachit, Mondstein, Obsidian, Rhodochrosit, Rubin, Smaragd, Topas, Türkis, Variscit

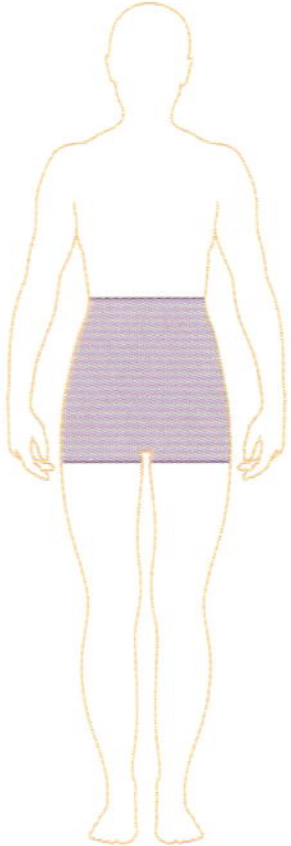

OBEN *In der medizinischen Astrologie regiert der Skorpion die Fortpflanzungsorgane, den Darm und die Blase.*

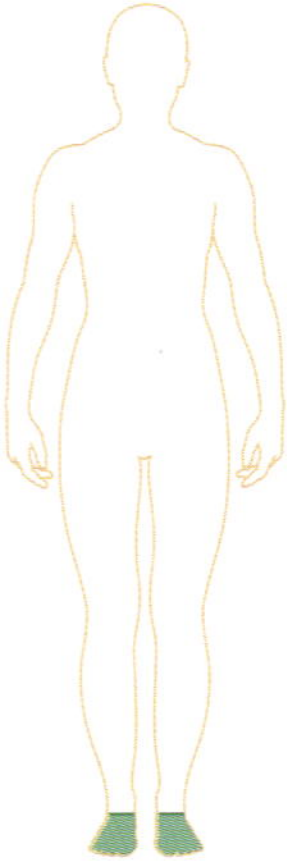

OBEN *In der medizinischen Astrologie regieren die Fische die Füße. Fische brauchen oft einen erdenden Stein, um mit beiden Füßen auf der Erde zu bleiben.*

FISCHE

19. Februar bis 20. März

PLANETENHERRSCHER: JUPITER, NEPTUN

GEBURTSSTEINE: MONDSTEIN, AMETHYST

Fische sind empfindsam und intuitiv; sie schwimmen mit dem Mond durchs Leben und reagieren auf verborgene Strömungen. Ihr Herrscher Neptun ist phantasievoll und mystisch, aber ihm fehlen die Grenzen, so dass Fische oft Gefühle von anderen Menschen wie ein Schwamm aufsaugen. Amethyst hilft ihnen, diese Energie loszuwerden und notwendige Grenzen zu ziehen. Zudem verbindet er die alltägliche Realität mit der spirituellen Welt, auf welche die Fische eingestimmt sind. Auch Labradorit ist eine Brücke zwischen den Welten. Fluorit stärkt das Urteilsvermögen und die Objektivität – beides ist für Fische nützlich. Mondstein macht sie auf die Wirkungen der bewussten und unbewussten Gefühle aufmerksam.

AMETHYST

MONDSTEIN

WESENSVERWANDTE STEINE

Amethyst, Aquamarin, Beryll, blauer Streifenachat, Calcit, Chrysopras, Fluorit, Heliotrop, Labradorit, Mondstein, Türkis

Luftkristalle

Die Luft formt Ideen. Sie ist der Bereich der sinnlichen Wahrnehmung und des logischen Denkens, das Element des kritischen Urteilens und der Analyse. Dieses Element denkt Probleme durch, nutzt aber auch seine aufblitzende Intuition. Es ist erfinderisch und voller neuer Ideen. Luftzeichen – Zwillinge, Waage und Wassermann – wollen sich verbal ausdrücken, denn die Luft ist das Element der Kommunikation.

ZWILLINGE
21. Mai bis 20. Juni

PLANETENHERRSCHER: MERKUR

GEBURTSSTEINE: TURMALIN, ACHAT

Die lebhaften Zwillinge werden von Merkur regiert. Sie sind schwatzhaft und von Natur aus geschickt. Das bestätigt ihr Geburtsstein Achat, der die Genauigkeit fördert und Zwillinge davor bewahrt, leichtfertig über unbequeme Tatsachen hinwegzugehen. Apophyllit erinnert sie an die Wahrheit. Die ruhelosen Zwillinge neigen zu Nervosität, und grüner Turmalin lindert Stress. Zwillinge profitieren auch vom beruhigenden Dendrit-Achat, der ihnen hilft, sich in verwirrenden Situationen zu konzentrieren.

RECHTS *Die schwatzhaften Luftzeichen brauchen einen Kristall, der die Strahlung des Handys absorbiert.*

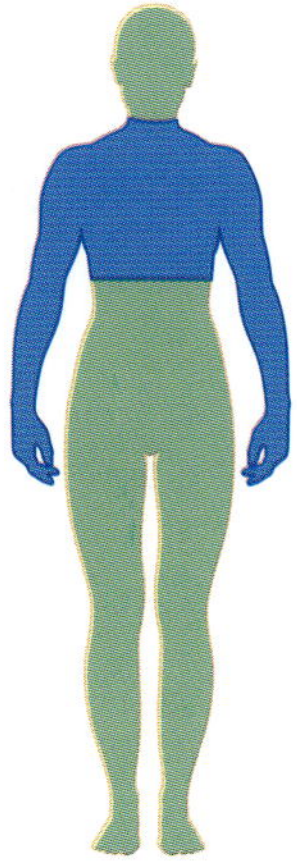

OBEN *In der medizinischen Astrologie sind die Zwillinge das Zeichen der Hände und Arme, der Atemwege und des Nervensystems.*

BLAUER STREIFENACHAT

GRÜNER TURMALIN

WESENSVERWANDTE STEINE

Achat, Apophyllit, Aquamarin, Calcit, Chrysokoll, Chrysopras, Citrin, Dendrit-Achat, grüner Turmalin, Rutil- und Turmalinquarz, Saphir, Serpentin, Tigerauge, Topas, Variscit

WAAGE

23. September bis 22. Oktober

PLANETENHERRSCHER: VENUS

GEBURTSSTEINE: SAPHIR, OPAL

Die Waage ist das Zeichen der Ehe und der Partnerschaft. Das ist keine Überraschung, da die Venus über dieses charmante Zeichen herrscht. Frieden und Ausgewogenheit sind für die Waage charakteristisch. Sie freut sich über schöne Dinge, und der Saphir fördert ihren Seelenfrieden. Die Waage schätzt vor allem den weißen Saphir, der Moral, Gerechtigkeit und Freiheit stärkt. Auch dem Aquamarin ist sie eng verbunden, da er ihre Neigung zu harscher Kritik dämpft. Dieser Stein lässt Energie harmonisch fließen und stimmt die Chakras, den materiellen Körper und die Aura aufeinander ab.

OPAL

SAPHIR

WESENSVERWANDTE STEINE

Apophyllit, Aquamarin, Aventurin, Chiastolith, Chrysolith, grüner Turmalin, Heliotrop, Jade, Kunzit, Lapislazuli, Lepidolith, Mahagoni-Obsidian, Mondstein, Opal, Peridot, Saphir, Smaragd, Topas

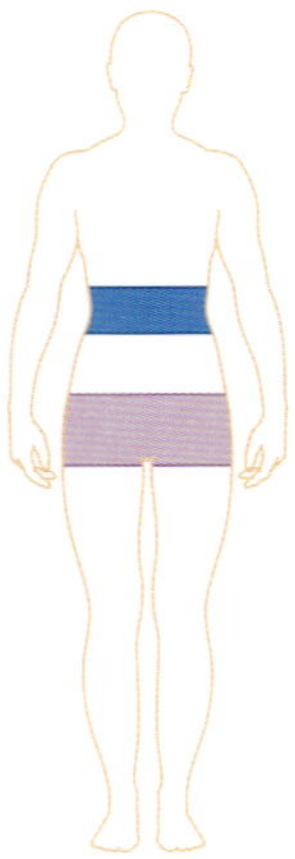

OBEN *In der medizinischen Astrologie herrscht die Waage über die Nieren und das Gesäß.*

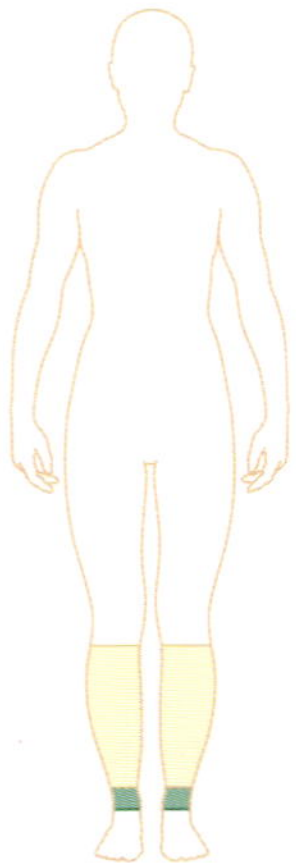

OBEN *In der medizinischen Astrologie herrscht der Wassermann über die Waden und Knöchel.*

WASSERMANN

20. Januar bis 18. Februar

PLANETENHERRSCHER: SATURN, URANUS

GEBURTSSTEINE: AQUAMARIN, AMETHYST

Der Wassermann ist das extremste Zeichen. Er ist weitsichtig und human und hat etwas Exzentrisches an sich, als sähe er nicht nur in die Zukunft, sondern wolle sie jetzt herbeiführen. Amethyst hilft ihm dabei, denn er fördert die Aufnahme neuer Ideen. Da Uranus der Planet des Wandels, sogar der Revolution und Saturn der Planet der Stetigkeit ist, wird der Wassermann in zwei Richtungen gezogen. Blauer Zölestin und Angelit bringen beide Tendenzen in Einklang. Blauer Zölestin fördert zudem die telepatische Kommunikation und die Brüderlichkeit im Universum, so dass der Wassermann über unsere Welt hinausgehen kann.

AQUAMARIN

AMETHYST

WESENSVERWANDTE STEINE

Amethyst, Angelit, Aquamarin, Bernstein, blauer Zölestin, Boji-Stein, Chrysopras, Fluorit, Labradorit, Magnetit, Mondstein

Feuerkristalle

Feuer formt die Inspiration. Es ist das ungestüme Element des Geistes und des schöpferischen Lebens. Das spontane Feuer ist aktiv und aufgeschlossen, findig und initiativ. Feuerzeichen bringen Bewegung ins Leben. Als leidenschaftliches Element symbolisiert das Feuer die Inspiration und die Kreativität. Feuerzeichen sind Widder, Löwe und Schütze.

RECHTS *Feuerzeichen sind leidenschaftlich und liebevoll, selbstsicher und erfinderisch.*

WIDDER
21. März bis 19. April

PLANETENHERRSCHER: MARS

GEBURTSSTEINE: RUBIN, DIAMANT

Der Widder, das erste Zeichen des Tierkreises, ist egozentrisch. Seine Vorzüge sind Tatkraft und Mut. Es ist ein dreistes Zeichen wie der kriegerische Mars, sein Herrscher. Der furchtlose Mars ist angriffslustig wie der Widder. Der Rubin als Geburtsstein will sorgsam behandelt werden, denn er kann Wut aufquellen lassen, die verbrannt werden muss. Er gibt Energie, und seine Leidenschaft ist überwältigend – und davon hat der Widder mehr als genug. Der Rubin hilft dem impulsiven Widder jedoch, seine Ziele klüger zu wählen. Der Karneol hilft ihm, gefährliche Situationen zu meiden, und der Amethyst dämpft seine Ungeduld. Der Diamant macht den Widder nachdenklicher und rücksichtsvoller.

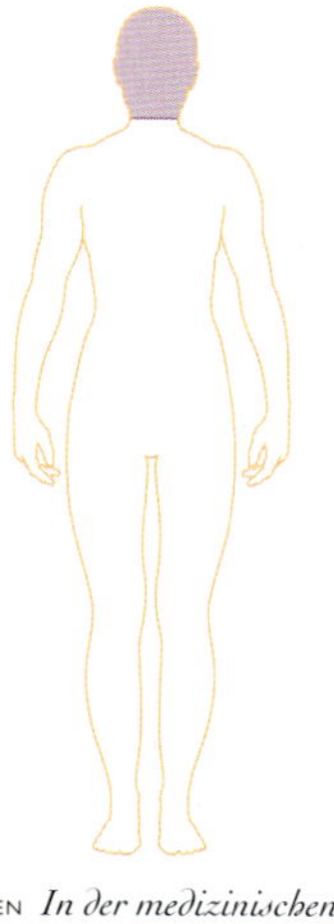

OBEN *In der medizinischen Astrologie herrscht der Widder über den Kopf.*

WESENSVERWANDTE STEINE

Amethyst, Aquamarin, Aventurin, Citrin, Diamant, Feuerachat, Granat, Heliotrop, Jadeit, Jaspis, Karneol, Kunzit, Magnetit, rosa Turmalin, Rubin, Topas

DIAMANT

RUBIN

LÖWE

23. Juli bis 22. August

PLANETENHERRSCHER: SONNE

GEBURTSSTEINE: KATZENAUGE (ODER TIGERAUGE), RUBIN

Der Löwe ist der natürliche Herrscher des Tierkreises. Seine Persönlichkeit ist überwältigend. Wärme und Überschwang sind für ihn typisch. Die Sonne erhellt das Leben des offenherzigen Löwen. Dieses stolze Zeichen will bemerkt werden, und es ist schwer, einen theatralischen Löwen zu ignorieren, vor allem wenn er mit den Juwelen und gelben Kristallen seiner Herrscherin geschmückt ist. Das Katzenauge hilft dem Löwen, seine reichliche Energie positiv auszudrücken. Der Löwe spricht auf alle gelben Kristalle an. Citrin ist, wie der Löwe, besonders strahlend und stärkend. Er hilft dem Löwen, seine Energie zu nutzen. Der Rubin fördert die Großzügigkeit und die Begeisterung des Löwen.

KATZENAUGE

WESENSVERWANDTE STEINE

Bernstein, Boji-Stein, Chrysokoll, Citrin, Danburit, Feuerachat, Granat, Goldberyll, grüner und rosa Turmalin, Karneol, Katzenauge, Kunzit, Muskowit, Onyx, orangefarbener Calcit, Pyrolusit, Quarz, Rhodochrosit, Rubin, Smaragd, Topas, Türkis

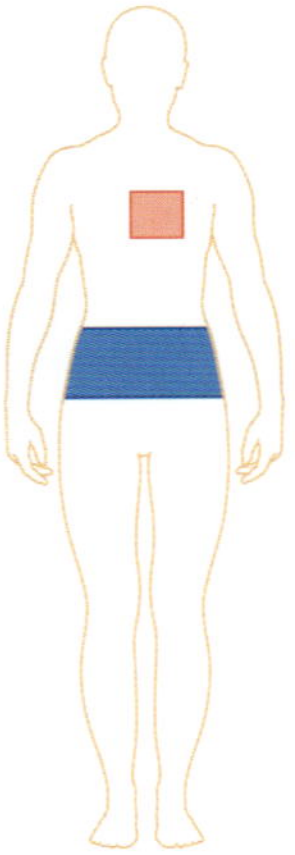

OBEN *In der medizinischen Astrologie herrscht der Löwe über das Herz und den unteren Rücken.*

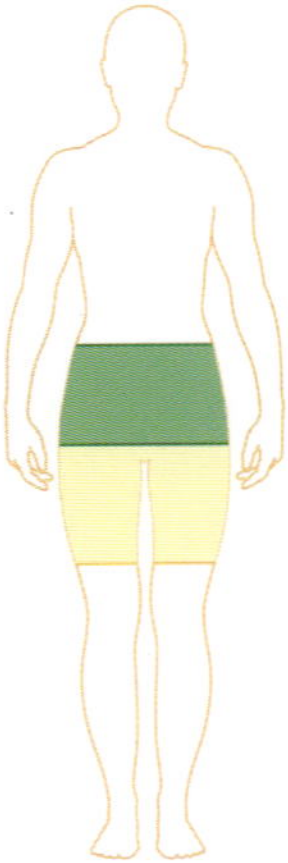

OBEN *In der medizinischen Astrologie herrscht der Schütze über die Hüften und Oberschenkel. Charoit hilft ihm bei Beschwerden in diesen Körperteilen.*

SCHÜTZE

22. November bis 21. Dezember

PLANETENHERRSCHER: JUPITER

GEBURTSSTEINE: TOPAS, TÜRKIS

Der Schütze ist immer auf der Suche nach dem Sinn, wobei die goldenen Strahlen des Topas ihn unterstützen. Topas stärkt die Sehkraft, vergrößert den Blickwinkel und erhellt den Weg. Er ist menschenfreundlich wie Jupiter, der Herrscher des Schützen. Lapislazuli, der „Stein des totalen Bewusstseins“, hilft dem Schützen, unter der Schirmherrschaft Jupiters zu wachsen, aber Exzesse zu vermeiden. Azurit fördert die Entspannung, die der Schütze zum Meditieren braucht. Er schärft das innere Auge und stillt den zweiflerischen Intellekt, so dass der Schütze Raum hat, um zu sein. Dieses Feuerzeichen ist sehr zielbewusst. Azurit verhindert, dass der Schütze ausbrennt, und Türkis hilft ihm, gelassener zu werden.

TOPAS

TÜRKIS

WESENSVERWANDTE STEINE

Amethyst, Azurit, blauer Streifenachat, Chalcedon, Charoit, Dioptas, Granat, Labradorit, Lapislazuli, Malachit, rosa Turmalin, Rauchquarz, Rubin, Sodalith, Topas, Türkis

8 Kristall-Weisheit

Kristalle leben schon sehr lange auf dieser Erde. Sie sind Zeugen der Evolution. Manche haben sich oft verändert, andere haben ihre ursprüngliche Form bewahrt. Einige – zum Beispiel Moldawit und der meteorische Magnetit – stammen nicht aus unserem Sonnensystem, und vielleicht bringen sie uns eine Botschaft von den Sternen.

Da Kristalle Energie absorbieren können, speichern sie Wissen und geben es an jene weiter, die ein offenes Ohr haben. Kristalle wollen ihr Wissen mit uns teilen – auch darum sind sie aus der Erde gestiegen und werden seit langer Zeit in heiligen Ritualen verwendet.

Die Intuition gleicht einer sich öffnenden Blüte, wie dieser exquisite Amethyst andeutet.

Wenn Sie mit einem weisen Kristall unter dem Kissen schlafen, haben Sie prophetische Träume. Setzen Sie sich ruhig hin, und meditieren Sie über Kristalle; dann flüstern sie Ihnen ihre Geheimnisse zu und helfen Ihnen, sich selbst zu erkennen. Kristalle stärken die Heilkraft und die Intuition und erlauben Ihnen einen Blick in die Vergangenheit und in die Zukunft.

Die zart schwingenden Kristalle bringen himmlisches Wissen auf die Erde. Sie erweitern das Bewusstsein und erleichtern den Kontakt mit Engeln. Meditation mit Kristallen hilft Ihnen, ihre Eigenschaften besser zu verstehen und empfindsamer zu werden.

Im neuen Jahrtausend glauben viele Menschen, dass der Erde große Veränderungen bevorstehen. In den Kristallen finden wir neue Einsichten, die den Wandel unterstützen. Quarz und andere Steine, die seit Anbeginn der Zeit bekannt sind, enthüllen neue Aspekte ihres Wesens. „Speicherkristalle“ tauchen aus der Erde auf, um ihr heiliges Wissen mit uns zu teilen. „Lehrerkristalle“ helfen Schülern, die dazu berufen sind.

Weisheit durch Kristalle

Kristalle sind weise. Sie speichern Wissen und geben es frei, wenn wir uns auf sie einstimmen. Kristalle bringen uns Weisheit und Einsicht, vor allem wenn sie auf der Stirn oder auf dem dritten Auge liegen. Sie enthüllen das Wissen, das in der Tiefe unseres Wesens verborgen ist, und sie führen uns weit über das Sonnensystem hinaus zu der Weisheit der Sterne, von der wir uns nichts träumen ließen.

OBEN *Der Moldawit stammt nicht aus unserem Sonnensystem. Er bringt uns Weisheit von den Sternen und zeigt uns, was sein könnte.*

STEINE FÜR DAS INNERE AUGE

Peridot
ist ein sehr klarer Edelstein, ein Gemisch aus Gelb und Blau, das hellgrün wirkt. Peridot hilft Ihnen, Ihr Schicksal und den Sinn Ihres Lebens zu verstehen und die höchste Wahrheit zu sehen.

Moldawit
ist der einzige Edelstein, dessen außerirdische Herkunft erwiesen ist. Er weitet den Blickwinkel und stimmt uns auf höhere Schwingungen ein. Moldawit eröffnet Ihnen unendliche Möglichkeiten.

UNTEN *Kristalle werden aus der Erde gespült, wenn wir ihr Wissen oder ihre Qualitäten brauchen. Viele Kristalle enthalten tiefe Einsichten und bieten uns ihre Weisheit an.*

STEINE DER ALTEN WEISHEIT

Serpentin
Serpentin ist ein alter Stein, der uralte Weisheit enthält und Ihnen hilft, den spirituellen Aspekt des Daseins zu verstehen.

SERPENTIN

Schneequarz
ist milchig und opak. Man findet ihn oft als wassergeglätteten Kiesel. Anders als der klare Quarz erlaubt er Ihnen keinen Blick in seine Tiefe – wohl aber in Ihre eigene Tiefe. Schneequarz hilft Ihnen, Weisheit zu erschließen, die tief in Ihnen verborgen ist.

Herkimer-Diamant
ist ein sehr klarer, heller Quarz mit Regenbögen in der Tiefe. Dieser uralte Stein enthält ökologisches Wissen und fördert die Erinnerung an frühere Leben.

Speicherkristalle
sind lange, dünne Quarzkristalle mit einer völlig glatten Seite, auf die Pyramiden oder Hieroglyphen eingeritzt sind. Sie übermitteln uns besonderes Wissen.

SELENIT

Selenit
Selenit besteht aus kristallinem Gips. Er ist durchscheinend wie fein geripptes Eis und symbolisiert Reinheit und höheres Bewusstsein. Der Name erinnert an Selene, die Mondgöttin, und der Stein kann die Farbe des reinen weißen Mondlichts haben. Wenn man ihn schneidet und poliert, ist er durchsichtig und hat zarte Streifen oder halb verborgene holografische Bilder. Polierter Selenit erinnert manchmal an das Innere eines Gletschers und wirkt sehr beruhigend.

Selenit hat etwas Transzendentes an sich. Er ist rein und ruhig und strahlt ein inneres Licht aus. Er macht den Geist klar und erleichtert spirituelle Kontakte und dadurch klare Urteile. Meditation mit Selenit erweitert das Bewusstsein und erlaubt einen Blick in frühere und in mögliche künftige Leben. Außerdem schützt der Stein vor übersinnlichen Angriffen.

Muskowit
Muskowit ist eine Mica-Varietät. Er ist oft blass und klar und kann perlweiß, rosa, grau, gelb, grün oder braun sein, bisweilen auch violett oder rosenrot.

MUSKOWIT

Muskowit macht Astralprojektionen und die Verbindung mit spirituellen Ebenen leichter. Er ist ein visionärer Kristall, der Sie mit Engeln und mit Ihrem höheren Selbst in Kontakt bringt und die Innenschau fördert. Er wirft Licht auf Ihre Projektionen, jene Teile Ihres Ichs, die Sie fälschlich in anderen Menschen sehen. Mit Muskowit lernen Sie, den anderen in sich zu lieben. Dieser Stein hilft Ihnen auch, Entscheidungen zu treffen, denn er stärkt die Intuition und vermittelt höhere Führung.

LINKS *Das Tor in dieser Selenitsäule führt auf die Ebene der Engel.*

WEITERE KRISTALLE FÜR KONTAKTE MIT ENGELN

✤ *Angelit (siehe Seite 92)* ✤ *Aquamarin* ✤ *Danburit* ✤ *Morganit (rosa Beryll)*

MORGANIT

DANBURIT

AQUAMARIN

Kristall-Lexikon

Kristalle haben viele Formen und Farben. Manche sind sehr bekannt, andere weniger. Zudem kann ein Kristall verschiedene Farben haben. Vielleicht haben Sie einen Stein bekommen, dessen Namen Sie nicht kennen, oder Sie haben einen beim Spaziergang gefunden. Wenn Sie einen Kristall optimal nutzen wollen, müssen Sie ihn zuerst identifizieren. Dabei helfen Ihnen die folgenden Seiten.

Das Lexikon ist nach Farben aufgebaut. Jeder Kristall hat einen Haupteintrag unter seiner typischen Farbe (Querverweise führen Sie zur Fundstelle). Manchmal ändern sich jedoch die Qualitäten eines Steins mit der Farbe. Der Kurzeintrag „Rosa Karneol" führt Sie zum Beispiel nicht nur zum Haupteintrag „Karneol" unter „orangefarben", sondern nennt auch die spezifischen Eigenschaften des rosa Karneols.

Schauen Sie Ihren Kristall zunächst genau an. Durch Polieren kann sich das Erscheinungsbild verändern. Manche Kristalle haben eine durchscheinende, kristalline Struktur, andere sind opak oder solid. Ein Kristall kann glatt, ein anderer rau sein. Alle Kristalle haben eine oder mehrere Grundfarben. Manche sind gestreift, andere gefleckt. Die Fotos auf den folgenden Seiten helfen Ihnen beim Identifizieren. Auch die Hauptfundorte sind angegeben, damit Sie bestimmte Steine ausschließen können.

Die Liste der Eigenschaften hilft Ihnen, geeignete Kristalle für sich oder für Freunde auszusuchen. Außerdem erfahren Sie, wo Sie den Stein tragen sollten, um von seinen Qualitäten zu profitieren.

Geschleuderte, polierte oder facettierte Kristalle, vor allem Edelsteine, ändern ihr Aussehen.

BRAUNE KRISTALLE

FEUERACHAT

VORKOMMEN USA, Tschechien, Indien, Island, Marokko, Brasilien

ERSCHEINUNGSBILD Schwach schimmernd

EIGENSCHAFTEN Eng mit der Erde verbunden. Beruhigt vor allem vor der Meditation. Fördert Innenschau, deckt Probleme und Blockaden langsam auf und zerstreut Furcht. Reflektiert Negatives zum Absender, so dass dieser versteht, was er anrichtet. Stark erotisch. Lindert Magen-Nerven-, Augen- und Drüsenbeschwerden und Kreislaufstörungen; verbessert die Nachtsicht. *Siehe auch Achat, Seite 100.*

POSITION Überall zu tragen, vor allem auf der Stirn.

BERNSTEIN

VORKOMMEN Großbritannien, Polen, Italien, Rumänien, Russland, Deutschland, Burma, Dominikanische Republik

ERSCHEINUNGSBILD Durchsichtig, Insekten im Inneren

EIGENSCHAFTEN Bringt Weisheit, Ausgewogenheit, Geduld, Altruismus. Nützlicher Heilstein, absorbiert Krankheiten, heilt Gewebe und Nerven, fördert Selbstheilung. Das Elixier ist antibiotisch. Lindert Depressionen und Stress, neutralisiert negative Energie. Reinigt Körper, Seele, Geist und Umwelt. Stärkt Gedächtnis und Entschlusskraft. Heilt Kehle und Kehlchakra, Nieren, Blase.

POSITION Am Handgelenk oder an der Kehle tragen.

BOJI-STEIN™

VORKOMMEN USA, Großbritannien

ERSCHEINUNGSBILD Metallisch, glatt oder mit eckigen Vorsprüngen. Runde Form gilt als weiblich, eckige als männlich.

EIGENSCHAFTEN Erdet nach spiritueller Arbeit. Schützt Aura und Chakras, beseitigt Blockaden, heilt.

POSITION Halten oder tragen.

FALKENAUGE

VORKOMMEN USA, Südafrika, Indien, Mexiko, Australien

ERSCHEINUNGBILD Gestreift, einem Falkenauge ähnlich

EIGENSCHAFTEN Varietät des Tigerauges. Erdet, regt an, gibt Energie, zieht Fülle an. Stärkt Kreislauf, innere Organe und Beine.

POSITION Halten oder auf geeignete Stelle legen.

MAGNETIT

VORKOMMEN USA, Indien, Mexiko, Rumänien, Italien, Finnland, Österreich

ERSCHEINUNGSBILD Dunkel, körnig (eisenhaltig)

EIGENSCHAFTEN Fördert Telepathie, Visualisieren und Objektivität. Zieht mütterliche Energie der Erde und Liebe an. Stimuliert schlaffe Organe und beruhigt überaktive. Hilft bei Sportverletzungen und Schmerzen.

POSITION Auf den Nacken, die Wirbelsäulenbasis oder schmerzendes Gelenk legen.

BRAUNE KRISTALLE

RAUCHQUARZ

VORKOMMEN USA, Großbritannien, Brasilien
ERSCHEINUNGSBILD Durchscheinend, lang, zugespitzt, Spitze meist dunkler
EIGENSCHAFTEN Fördert Entgiftung, lindert Furcht und Depressionen, bringt Ruhe und positives Denken. Hilfreich bei Strahlen- und Chemotherapie. Hilft, den Körper zu akzeptieren, reinigt Wurzelchakra. Stärkt Potenz. Erdet spirituelle Energie, neutralisiert negative Energie. Lindert Albträume. Macht Träume wahr.
Siehe auch Quarz, Seite 100.
POSITION Überall zu tragen, vor allem auf dem Wurzelchakra. Nachts unters Kopfkissen legen.

TIGERAUGE

VORKOMMEN USA, Mexiko, Indien, Australien, Südafrika
ERSCHEINUNGSBILD Gestreift
EIGENSCHAFTEN Schützt. Hilft, korrekt mit Macht umzugehen, klare Ziele festzulegen und zu erreichen, eigene Fähigkeiten zu erkennen. Verankert Wandel im materiellen Körper. Harmonisiert Hirnhälften sowie Yin und Yang, stärkt den Körper. Steigert übersinnliche Fähigkeiten.
POSITION Am rechten Arm tragen.

TOPAS

VORKOMMEN USA, Mexiko, Brasilien, Sri Lanka, Nigeria, Namibia, Irland
ERSCHEINUNGSBILD Durchsichtig, zugespitzt
EIGENSCHAFTEN Lenkt Energie, beruhigt, heilt, regt an, kräftigt, motiviert. Fördert Wahrheit und Vergebung. Wirft Licht auf Wege, erschließt innere Ressourcen. Bringt Freude und Großzügigkeit. Reinigt die Aura, heilt.
POSITION Am Ringfinger tragen.

SARDONYX

VORKOMMEN Brasilien, Indien, Russland, Kleinasien
ERSCHEINUNGSBILD Gestreift
EIGENSCHAFTEN Gibt Kraft und Ausdauer, schützt, stärkt Selbstbeherrschung. Kann dauerndes Eheglück bringen. Zieht Freunde an, lindert Depressionen, heilt Lungen und Knochen. Brauner Sardonyx erdet Energie besonders gut.
POSITION Überall

CHIASTOLITH (KREUZSTEIN)

VORKOMMEN China
ERSCHEINUNGSBILD Dunkles Kreuz im Zentrum
EIGENSCHAFTEN Löst negative Energie auf. Verwandelt Streit in Harmonie. Fördert den Wandel und Problemlösung. Macht kreativ, ergründet Mysterien. Symbolisiert Tod und Wiedergeburt. Erleichtert Astralreisen. Lindert Fieber, heilt Chromosomenschäden.
POSITION Auf betroffene Stelle legen oder am Hals tragen.

BRAUNE KRISTALLE

MAHAGONI-OBSIDIAN

VORKOMMEN Ganze Welt
ERSCHEINUNGSBILD Tiefbraun, glasig
EIGENSCHAFTEN Erdet und schützt, gibt Kraft und klares Ziel. Beseitigt Energieblockaden, lindert Verspannung. Fördert Wachstum auf allen Ebenen.
Siehe auch Obsidian, Seite 123.
POSITION Halten oder auf betroffene Stelle legen.

MOOSACHAT

VORKOMMEN USA, Australien, Indien
ERSCHEINUNGSBILD Moosartige Verästelungen
EIGENSCHAFTEN Reinigt Kreislauf und Ausscheidungsorgane. Lindert Depressionen, deren Ursache Dissonanzen zwischen rechter und linker Hirnhälfte sind. Hilft Intellektuellen, ihre Intuition zu nutzen. Hilft Intuitiven und Kreativen, praktisch zu denken. Lindert Hypoglykämie. Elixier heilt Pilzinfektionen.
Siehe auch Achat, Seite 100.
POSITION Halten oder auf betroffene Stelle legen.

BRAUNER SELENIT

VORKOMMEN Großbritannien
ERSCHEINUNGSBILD Braun, kristallin
EIGENSCHAFTEN Erdet Engel-Energie
Siehe auch Selenit, Seite 99.
POSITION Halten

BRAUNE JADE

EIGENSCHAFTEN Erdet, tröstet, macht verlässlich. Fördert Anpassung an neue Umgebung.
Sie auch Jade, Seite 116.

BRAUNER SERPENTIN

Siehe Serpentin, Seite 124.

BRAUNER TURMALIN

EIGENSCHAFTEN Reinigt und schützt die Aura. Hilft bei Darmbeschwerden.
Siehe auch Turmalin, Seite 117.

BRAUNER MUSKOWIT

Siehe Muskowit, Seite 105.

BRAUNER JASPIS

EIGENSCHAFTEN Macht umweltbewusst, erleichtert Rückführung und tiefe Meditation. Stärkt Nachtsicht, erleichtert Astralreisen.
POSITION Auf der Stirn tragen.
Siehe auch Jaspis, Seite 102.

WEISSER MUSKOWIT

Siehe Muskowit, Seite 105.

WEISSER BERYLL

Siehe Beryll, Seite 114.

WEISSER TOPAS

Siehe Topas, Seite 97.

WEISSER ZÖLESTIN

Siehe Zölestin, Seite 110.

WEISSER DANBURIT

Siehe Danburit, Seite 105.

WEISSER CHALCEDON

Siehe Chalcedon, Seite 125.

WEISSER CALCIT

Siehe Calcit, Seite 106.

WEISSER LEPIDOLIT

Siehe Lepidolit, Seite 121.

WEISSE KRISTALLE

APOPHYLLIT

VORKOMMEN Großbritannien, Australien, Indien, Brasilien, Tschechien, Italien
ERSCHEINUNGSBILD Kubische Kristalle
EIGENSCHAFTEN Stellt bewussten Kontakt zwischen der materiellen und spirituellen Ebene her, erleichtert bewusste Astralreisen. Fördert Innenschau, beseitigt Disharmonien. Hilft, in die Zukunft zu sehen, stimuliert die Intuition.
POSITION An das dritte Auge halten oder darauf legen (beim Channeling legen).

SELENIT

VORKOMMEN USA, Russland, Österreich, Griechenland, Polen, Deutschland, Frankreich
ERSCHEINUNGSBILD Durchscheinend, fein gerippt
EIGENSCHAFTEN Gibt geistige Klarheit, ermöglicht Kontakt mit Engeln und früheren Leben. Stärkt Urteilsvermögen und Einsicht. Fördert Geschmeidigkeit, richtet Wirbelsäule ein.
POSITION Halten

OPAL

VORKOMMEN Australien, Mexiko, Peru
ERCHEINUNGSBILD Feurige, wechselnde Farben
EIGENSCHAFTEN Stärkt das kosmische Bewusstsein, Originalität und dynamische Kreativität. Stärkt Liebe und Leidenschaft. Bringt Visionen. Macht treu und spontan. Verstärkt Eigenarten. Fördert seelische Stabilität. Lindert Parkinson. Verbessert das Gedächtnis. Lindert Infektionen und Fieber, reinigt Blut und Nieren. Reguliert Insulin. Erleichtert Entbindung. **Feueropal** ist nützlich für Geschäftsleute.
POSITION Am kleinen Finger tragen.

MONDSTEIN

VORKOMMEN Indien, Australien
ERSCHEINUNGSBILD Milchig, durchscheinend
EIGENSCHAFTEN „Stein des Neubeginns", mit dem Mond und der Intuition verbunden. Tröstet und beruhigt bei Labilität und Überreaktionen. Macht Unbewusstes bewusst, stärkt Intuition und Einfühlungsvermögen. Ein weiblicher Stein, assoziiert mit übersinnlichen Fähigkeiten und Läuterung. Stärkt weibliche Fortpflanzungsorgane, reguliert Wasserhaushalt, harmonisiert Biorhythmus. Stärkt Verdauung, verbessert Nährstoffresorption, fördert Ausscheidung von Schlacken. Lindert Krankheiten der Haut, der Haare, der Augen und der fleischigen Organe. Lindert PMS, hilfreich bei Zeugung, Schwangerschaft und Geburt.
POSITION Am Finger tragen oder auf betroffene Stelle legen.

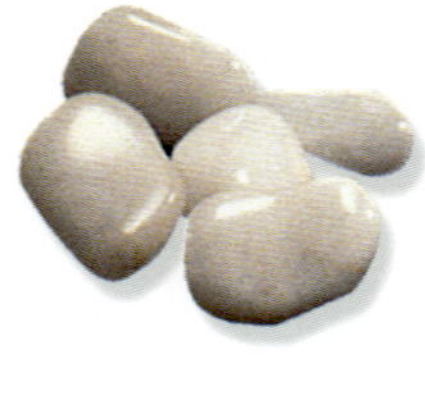

SCHNEEQUARZ

VORKOMMEN Ganze Welt
ERSCHEINUNGSBILD Sehr kompakt, opak, milchig, oft als Flusskiesel zu finden
EIGENSCHAFTEN Hilft, Lektionen des Lebens zu lernen und Verantwortung und Grenzen aufzugeben, die nicht mehr wichtig sind. Fördert Takt und Zusammenarbeit. Verbindet mit der tiefen inneren Weisheit, die wir bisher geleugnet haben.
Siehe auch Quarz, Seite 100.
POSITION Am Finger tragen oder auf betroffene Stelle legen.

KLARE KRISTALLE

QUARTZ

VORKOMMEN Ganze Welt
ERSCHEINUNGSBILD Lang, zugespitzt; manchmal durchsichtig, milchig oder gestreift
EIGENSCHAFTEN Einer der besten Heilsteine, Energieverstärker. Verdoppelt die Aura. Speichert und reguliert Energie und gibt sie ab. Erzeugt Energie und löst statische Elektrizität auf. Reinigt und heilt die Aura. Ein starker Seelenreiniger. Löst karmische Saat auf. Fördert übersinnliche Fähigkeiten. Verbindet uns mit höheren Ebenen. Regt das Immunsystem an, lindert Verbrennungen. Senkt angeblich Benzinverbrauch von Autos.
POSITION Überall. Bei Schilddrüsenstörungen auf den Hals legen. Um Energie zu tanken, auf den Solarplexus legen. Zur Harmonisierung auf die Ohren legen.

TURMALINQUARZ

ERSCHEINUNGSBILD Lange, dicke Fäden in klarem Kristall.
EIGENSCHAFTEN Löst starre Muster auf, harmonisiert Gegensätze. Ein Problemlöser. *Siehe auch Quarz (oben).*
POSITION Überall

RUTILQUARZ

ERSCHEINUNGSBILD Lange, dünne Fäden in klarem Kristall.
EIGENSCHAFTEN Führt zur Wurzel eines Problems. Erleichtert Astralreisen. Hilft bei Quecksilbervergiftung. Stärkt Energie von Quarz. Harmonisiert die Aura. *Siehe auch Quarz (oben).*
POSITION Überall

DIAMANT

VORKOMMEN Südafrika, Australien, Brasilien, Indien, Russland, USA
ERSCHEINUNGSBILD Heller, durchsichtiger Edelstein
EIGENSCHAFTEN Symbol der Reinheit. Stärkt Beziehungen, bringt Liebe und Klarheit. Verstärkt Energie. Qualitäten: unter anderem Mut, Unbesiegbarkeit, Tapferkeit. Lindert Glaukom.
POSITION Am Finger tragen oder auf die Schläfe legen.

ACHAT

VORKOMMEN USA, Indien, Marokko, Tschechien, Brasilien, Afrika
ERSCHEINUNGSBILD Wächsern und weich, oft gestreift, oft durchscheinend, bisweilen künstlich gefärbt
EIGENSCHAFTEN Erdender Stein. Verbessert Wahrnehmung und Denkvermögen. Harmonisiert Yin und Yang sowie Körper, Seele und Geist. Hebt das Bewusstsein, gibt Selbstvertrauen. Stabilisiert die Aura, beseitigt negative Energie, Verbitterung und Wut. Stärkt Liebe, Wahrhaftigkeit und Mut. Varietäten haben zusätzliche Eigenschaften.
POSITION Halten oder auf betroffene Stelle legen.

KLARE KRISTALLE

DENDRITEN-ACHAT

VORKOMMEN USA, Tschechien, Indien, Island, Marokko, Brasilien

ERSCHEINUNGSBILD Hat Dendriten, die wie Farn aussehen

EIGENSCHAFTEN „Stein der Fülle". Stärkt Verbindung mit der Erde. Beruhigt in verwirrenden Situationen. Hilft bei Skelettschäden, Nervenstörungen und kranken Kapillaren. Schmerzlindernd.

Siehe auch Achat, Seite 100.

POSITION Halten oder auf betroffene Stelle legen.

HERKIMER-DIAMANT

VORKOMMEN USA, Mexiko, Spanien

ERSCHEINUNGSBILD Klar, ölig, Regenbögen im Inneren

EIGENSCHAFTEN Gibt Energie, fördert Kreativität. „Stein der Einstimmung". Fördert übersinnliche Fähigkeiten und Traumerinnerung. Entgiftet, schützt vor Radioaktivität, heilt DNS und Stoffwechselstörungen, lindert Stress. Fördert Erinnerung an frühere Leben.

POSITION In Anhängern oder Ohrringen tragen oder auf Basis der Wirbelsäule oder Solarplexus legen.

KLARER TURMALIN

EIGENSCHAFTEN Harmonisiert Meridiane des materiellen Körpers und des Ätherkörpers, öffnet Kronenchakra. Erzeugt alle anderen Farben.

Siehe auch Turmalin, Seite 117.

POSITION Halten oder auf betroffene Stelle legen.

KLARER FLUORIT

EIGENSCHAFTEN Regt Kronenchakra an, stärkt Aura, harmonisiert Intellekt und Geist.

POSITION An Ohrläppchen tragen. Auf den Computer legen.

Siehe auch Fluorit, Seite 106.

KLARER SRDONYX

EIGENSCHAFTEN Reinigend

POSITION Überall

Siehe auch Sardonyx, Seite 97.

KLARER DANBURIT

Siehe Danburit, Seite 105.

ROTE KRISTALLE

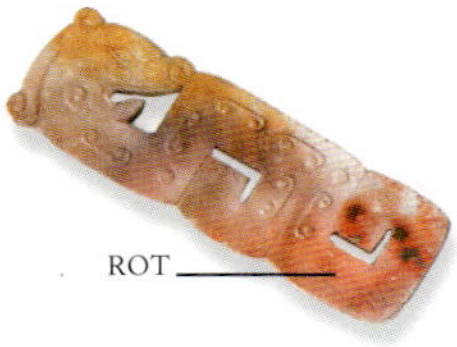

ROTE JADE

EIGENSCHAFTEN Stärkt Liebe und Leidenschaft. Lindert Wut und Verspannung.

Siehe auch Jade, Seite 116.

POSITION An die betroffene Stelle halten oder darauf legen.

ROTER CALCIT

EIGENSCHAFTEN Steigert Energie, bessert die Stimmung, stärkt die Willenskraft, öffnet das Herzchakra.

Siehe auch Calcit, Seite 106.

POSITION An die betroffene Stelle halten oder darauf legen.

GRANAT

VORKOMMEN Ganze Welt

ERSCHEINUNGSBILD Durchsichtig o. durchscheinend

EIGENSCHAFTEN Gibt Energie, harmonisiert, macht gelassen. Aktiviert andere Kristalle, beseitigt negative Energie aus Chakras. Inspiriert Liebe, stimuliert Aufsteigen der Kundalini-Energie. Hilft bei Problemen mit Wirbelsäule, Zellen, Blut, Herz und Lungen. Heilt DNS. Fördert Resorption von Vitaminen und Mineralien. **Roter Granat** symbolisiert Liebe. Revitalisiert Gefühle und stärkt die Leidenschaft. Dämpft Wut, vor allem Wut auf sich selbst.

POSITION An Ohrläppchen, am Finger oder auf dem Herzen tragen. Auf das dritte Auge legen, um sich an frühere Leben zu erinnern.

JASPIS

VORKOMMEN Ganze Welt

ERSCHEINUNGSBILD Gemustert oder gestreift

EIGENSCHAFTEN Bringt Frieden und Ganzheit. Schützt und erdet. Hilft, schnell zu denken, zu organisieren und Projekte durchzustehen. Harmonisiert Chakras, erleichtert schamanische Reisen, fördert Traumerinnerung. Verlängert sexuelle Lust. **Roter Jaspis** erdet und beseitigt Ungerechtigkeit. Fördert Traumerinnerung. „Stein der Gesundheit". Stärkt den Kreislauf. Mit Wurzelchakra verbunden. Unterstützt Rebirthing.

POSITION Jaspis auf die Stirn legen. Roten Jaspis auf das Wurzelchakra legen.

RUBIN

VORKOMMEN Indien, Madagaskar, Russland, Sri Lanka, Kambodscha, Kenia

ERSCHEINUNGSBILD Heller, transparenter Edelstein oder wolkiger Kristall

EIGENSCHAFTEN Energetisierend und harmonisierend. Regt manchmal zu stark an und setzt Wut oder negative Energie frei (die jedoch umgewandelt werden kann). Stein der Führungsqualitäten. Stimuliert Herzchakra, ermutigt uns, den Weg des Glücks zu gehen. Schützt vor übersinnlichen Angriffen, fördert gute Träume. Bewahrt Wohlstand und Leidenschaft. Entgiftet, lindert Fieber, fördert Durchblutung.

POSITION Über dem Herzen oder am Finger oder Knöchel tragen.

ROTE KRISTALLE

ROTER SARDONYX

EIGENSCHAFTEN Anregend

Siehe auch Sardonyx, Seite 97.

POSITION Überall zu tragen oder aufzulegen.

CUPRIT

VORKOMMEN USA, Großbritannien, Deutschland, Frankreich, Namibia, Peru

ERSCHEINUNGSBILD Kleine, kristalline Gebilde

EIGENSCHAFTEN Ein „philosophischer" Stein, der Nächstenliebe fördert. Hilft bei Problemen mit Vaterfiguren. Erleichtert Erinnerung an frühere Leben. Regt Wurzelchakra an, erdet Energie, revitalisiert den Körper. Stärkt Herz, Blut, Muskeln, Skelett. Heilt Stoffwechselstörungen. Hilft bei Ödemen, Blasen- und Nierenstörungen, Schwindel und Höhenkrankheit.

POSITION Halten oder auf betroffene Stelle legen.

AVENTURIN

VORKOMMEN Italien, Brasilien, China, Indien, Russland, Tibet, Nepal

ERSCHEINUNGSBILD Opak, mikrokristallin

EIGENSCHAFTEN Fördert Kreativität, bringt Wohlstand. Löst negative Energie auf, harmonisiert männliche und weibliche Energie. Zeigt Alternativen auf. Fördert Wachstum in den ersten sieben Lebensjahren. Stärkt Thymus und Nerven. Reguliert Blutdruck. Elixier hilft bei Hautproblemen.

POSITION Halten oder auf betroffene Stelle legen.

ROTER ZÖLESTIN

Siehe Zölestin, Seite 110.

ROTER FLUORIT

Siehe Fluorit, Seite 106.

ROTER TURMALIN

Siehe Turmalin, Seite 117.

ROTER LEPIDOLIT

Siehe Lepidolit, Seite 121.

ROTER KARNEOL

EIGENSCHAFTEN Stärkt eine schwache Stimme.

Siehe auch Karneol, Seite 109.

ROSA KRISTALLE

KUNZIT

VORKOMMEN USA, Madagaskar, Brasilien, Burma, Afghanistan
ERSCHEINUNGSBILD Durchsichtig oder durchscheinend, gestreift
EIGENSCHAFTEN Ein spiritueller Stein. Erzeugt liebevolle Gedanken, strahlt Frieden aus, verbindet uns mit der universellen Liebe. Löst negative Energie auf. Verhilft zu tiefer Meditation, fördert Kreativität und Selbstausdruck. Beseitigt Hindernisse auf dem spirituellen Weg. Hilft, Stress zu ertragen. Kann psychische Krankheiten heilen. Aktiviert das Herzchakra und stimmt es auf Kehlchakra und drittes Auge ein. Schützt vor unerwünschten Energien, vertreibt Geistwesen, reinigt die Aura. Stärkt den Kreislauf und den Herzmuskel.
POSITION An das Chakra halten oder darauf legen.

ROSENQUARZ

VORKOMMEN Südafrika, Russland, USA, Brasilien, Japan
ERSCHEINUNGSBILD Meist durchscheinend, manchmal durchsichtig
EIGENSCHAFTEN Fördert bedingungslose Liebe, heilt das Herz. Beruhigt und ermutigt, bringt tiefe innere Heilung. Beseitigt Blockaden durch unterdrückte Gefühle, öffnet das Herzchakra, tröstet ein wundes Herz, lindert verdrängten Schmerz. Hilft Menschen, die nie Liebe empfangen haben. Verstärkt positive Affirmationen. Hilft, sich selbst zu lieben und zu vergeben. Stärkt Herz und Kreislauf, angeblich auch Fruchtbarkeit. Lindert Verbrennungen.
POSITION Über dem Herzen tragen.

ROSA ACHAT

EIGENSCHAFTEN Stärkt die Liebe zwischen Eltern und Kindern.
Siehe auch Achat, Seite 100.
POSITION Über dem Herzen tragen.

RHODOCHROSIT

VORKOMMEN USA, Russland
ERSCHEINUNGSBILD Gestreift
EIGENSCHAFTEN „Stein der selbstlosen Liebe und des Mitgefühls". Stärkt Selbstwertgefühl, integriert spirituelle und materielle Energien. Erweitert Bewusstsein, reinigt Solarplexus-Chakra. Fördert Träume. Lindert Furcht und Paranoia. Hilft, schmerzliche Gefühle zu verarbeiten, ohne zu verhärten oder etwas zu verleugnen. Zieht Selengefährten an. Hilft bei Asthma und Atemproblemen. Reinigt Kreislauf und Nieren, stärkt Sehkraft. Elixier lindert Infektionen, harmonisiert Schilddrüse.
POSITION Am Handgelenk tragen.

RHODONIT

VORKOMMEN Spanien, Russland, Schweden, Deutschland
ERSCHEINUNGSBILD Gefleckt (oft schwarz)
EIGENSCHAFTEN Erdet, harmonisiert Yin und Yang, erschließt das höchste Potenzial. Zeigt beide Seiten eines Problems. Stimuliert, aktiviert und reinigt Herzchakra, harmonisiert seine physische und mentale Energie. Stärkt die Liebe. Hilft bei Traumen. Stärkt Selbstvertrauen, lindert Verwirrung. Fördert Knochenwachstum, verbessert Gehör. Lindert Emphysem, Gelenkentzündung, Arthritis. **Edelsteinrhodonit** aktiviert Zirbeldrüse und Intuition.
POSITION Halten oder auf betroffene Stelle legen.

ROSA KRISTALLE

ROSA TURMALIN

EIGENSCHAFTEN Aphrodisiakum. Bringt Liebe auf die materielle Ebene. Stärkt Vertrauen in die Liebe, fördert Selbstliebe. Steigert körperliche Lust. Lindert seelischen Schmerz und alte, destruktive Gefühle. Erzeugt Liebe und Spiritualität. Fördert Frieden. Harmonisiert endokrine Drüsen.

Siehe auch Turmalin, Seite 117.

POSITION Auf das Herz legen.

DANBURIT

VORKOMMEN USA, Tschechien, Russland, Schweiz, Japan, Mexiko

ERSCHEINUNGSBILD Durchsichtig

EIGENSCHAFTEN Aktiviert Intellekt. Erleichtert jede Situation, ändert veraltete Einstellungen, bringt Seelenfrieden und Geduld. Stärkt Leber und Gallenblase. Entgiftet, stärkt Muskeln, verbessert die Bewegung. Fördert Gewichtszunahme.

Rosa Danburit aktiviert das Herzchakra.

POSITION Auf das Herz legen.

ROSA KARNEOL

EIGENSCHAFTEN Fördert Liebe zwischen Eltern und Kindern.

Siehe auch Karneol, Seite 109.

POSITION Als Anhänger oder am Gürtel tragen.

MORGANIT (ROSA BERYLL)

VORKOMMEN USA, Brasilien, Russland

ERSCHEINUNGSBILD Kristallin, manchmal gefurcht oder zugespitzt

EIGENSCHAFTEN Zieht Liebe an und bewahrt sie. Fördert liebevolle Gedanken und Taten. Aktiviert und reinigt Herzchakra. Beruhigt bei Stress, stärkt Nerven. Bringt den Zellen Sauerstoff, hilft bei Tuberkulose, Asthma und Emphysem, befreit Lungen.

POSITION Auf das Herz legen.

MUSKOWIT

VORKOMMEN Schweiz, Russland, Österreich, Tschechien

ERSCHEINUNGSBILD Kristalline, perlenähnliche Mica-Varietät

EIGENSCHAFTEN Hilft sehr bei Kontakten mit Engeln. Stimuliert Herzchakra, erleichtert Astralreisen. Beseitigt Unsicherheit. Stärkt Intuition. Hilft, Probleme zu lösen. Reguliert Blutzucker und Nieren.

POSITION Tragen oder halten.

GELBE KRISTALLE

KATZENAUGE

VORKOMMEN USA, Südafrika, Indien, Mexiko, Australien

ERSCHEINUNGSBILD Gestreift oder „augenartig“, Chrysoberyll-Varietät

EIGENSCHAFTEN Stärkt Selbstvertrauen, Glücksgefühl, Gelassenheit. Erdet, regt Intuition an, löst negative Energie in der Aura auf und schützt Aura. Lindert Augenprobleme, verbessert Nachtsicht. Lindert nervöse Gesichts- und Kopfschmerzen.

POSITION Am rechten Arm tragen.

GOLDBERYLL

EIGENSCHAFTEN Fördert Reinheit, Initiative, Unabhängigkeit, Erfolgswillen. Öffnet Solarplexus und Kronenchakra. Nützlich bei ritueller Magie.

Siehe auch Beryll, Seite 114.

POSITION Halten oder auf betroffene Stelle legen.

CALCIT

VORKOMMEN USA, Großbritannien, Belgien, Tschechien, Peru, Island, Rumänien

ERSCHEINUNGSBILD Durchscheinend und wächsern

EIGENSCHAFTEN Energieverstärker. Steigert übersinnliche Fähigkeiten, fördert Channeling, Astralprojektion, höheres Bewusstsein. Verbindet Intellekt und Gefühle. Lindert Stress, bringt Frieden und Gelassenheit. Stärkt das Gedächtnis, bringt Einsicht. Reinigt Organe und Knochen, stärkt Skelett und Gelenke.

Goldener oder **gelber Calcit** fördert Meditation, Konzentration und Astralprojektion. Bringt spirituelles Licht und Wissen.

POSITION Halten oder auf betroffene Stelle legen.

FLUORIT

VORKOMMEN USA, Großbritannien, Australien, Norwegen, China, Peru, Mexiko

ERSCHEINUNGSBILD Durchsichtige, kubische Kristalle

EIGENSCHAFTEN Schützender Stein, vor allem auf der übersinnlichen Ebene. Schützt vor Elektrosmog. Fördert körperliche und intellektuelle Koordination, lindert Gehirnstörungen, stärkt Konzentration. Erdet und integriert spirituelle Energie. Fördert Objektivität, stärkt Intuition. Kräftigt Knochen, Zähne und Zellen. Heilt DNS-Schäden. Lindert Arthritis und Rheuma.

Gelber Fluorit fördert Kreativität, stabilisiert Gruppenenergie, beseitigt Gifte.

POSITION Halten oder auf betroffene Stelle legen.

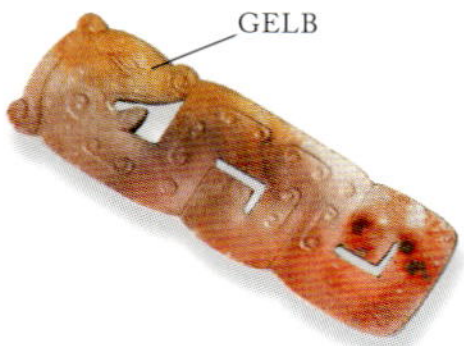

GELBE JADE

EIGENSCHAFTEN Stimuliert sanft, bringt Energie und Freude. Lehrt, dass alle Wesen miteinander verbunden sind.

Siehe auch Jade, Seite 116.

POSITION Halten oder auf betroffene Stelle legen.

GELBE KRISTALLE

GELBER JASPIS

EIGENSCHAFTEN Schützt bei spiritueller Arbeit und auf Reisen. Bringt positive Energie, vor allem in die endokrinen Drüsen.

Siehe Japsis, Seite 102.

POSITION Stirn, Brust, Kehle, Handgelenk.

CITRIN

VORKOMMEN Großbritannien, USA, Brasilien, Frankreich, Madagaskar, Russland

ERSCHEINUNGSBILD Durchsichtiger Kristall, manchmal wolkig

EIGENSCHAFTEN „Stein des Wohlstands", zieht Reichtum und Erfolg an. Bringt Glück und Großzügigkeit. Gibt Energie und Kraft, stärkt Motivation, aktiviert Kreativität. Löst negative Energie auf, fördert innere Ruhe. Harmonisiert Yin und Yang, öffnet Solarplexus und Nabelchakra, stimuliert Kronenchakra. Reinigt Aura, harmonisiert materiellen und Ätherkörper. Lindert Verdauungs- und Schilddrüsenstörungen, fördert Durchblutung.

POSITION An Fingern oder Kehle tragen.

GELBER SAPHIR

EIGENSCHAFTEN Stein des Hindugottes Ganesh. Zieht Reichtum an. Stimuliert Intellekt und Konzentration. Elixier schwemmt Gifte aus.

Siehe auch Saphir, Seite 119.

POSITION Sollte den Körper oder einen Finger berühren.

GOLDGELBER TOPAS

EIGENSCHAFTEN Stärkt Glauben und Optimismus. Zieht hilfreiche Menschen an.

Siehe auch Topas, Seite 97.

POSITION Am Ringfinger tragen.

GELBE KRISTALLE

GELBER TURMALIN

EIGENSCHFTEN Stimuliert Solarplexus, stärkt persönliche Ausstrahlung. Öffnet spirituelle Wege.

Siehe auch Turmalin, Seite 117.

POSITION Halten oder auf betroffene Stelle legen.

EISENPYRIT UND KUBISCHER PYRIT

VORKOMMEN Großbritannien, Nordamerika, Chile, Peru

ERSCHEINUNGSBILD Metallisch, manchmal kubisch („Katzengold")

EIGENSCHAFTEN **Eisenpyrit** macht einzigartige Fähigkeiten nutzbar.

Kubischer Pyrit steigert geistige Fähigkeiten, harmonisiert Intellekt, Instinkt, Intuition und Kreativität. Nützlich bei großen geschäftlichen Plänen. Hilft, hinter die Fassade zu blicken. Vorzüglicher Energieschild, blockiert negative Energie, Umweltgifte und Keime. Stärkt Knochen und Zellbildung, repariert DNS-Schäden, fördert Schlaf bei Magenbeschwerden. Stärkt Verdauung, schwächt verzehrte Gifte. Stärkt Kreislauf und Atmung, fördert Sauerstoffaufnahme ins Blut.

POSITION An der Kehle tragen oder unter das Kopfkissen legen.

GELBER ZÖLESTIN

Siehe Zölestin, Seite 110.

GELBER KUNZIT

Siehe Kunzit, Seite 104.

GELBER MUSKOWIT

Siehe Muskowit, Seite 105.

BERNSTEIN

Siehe Seite 96.

GELBER DANBURIT

Siehe Danburit, Seite 105.

GELBER GRANAT

Siehe Granat, Seite 102.

GELBER RHODONIT

Siehe Rhodonit, Seite 104.

GELBER CHRYSOPRAS

Siehe Chrysopras, Seite 115.

ORANGEFARBENE KRISTALLE

KARNEOL
VORKOMMEN Großbritannien, Indien, Tschechien, Peru, Island, Rumänien
ERSCHEINUNGSBILD Durchscheinender Kiesel, oft wasserpoliert
EIGENSCHAFTEN Erdet und verankert in derzeitiger Umwelt. Beseitigt Furcht vor dem Tod; hilft, den Lebenszyklus zu akzeptieren. Stärkt Intellekt und Wahrnehmung. Motiviert im Beruf. Fördert positive Lebensentscheidungen. Beseitigt Apathie. Vertreibt unerwünschte Gedanken beim Meditieren. Heilt den Ätherkörper, schützt vor Wut und Groll. Reinigt andere Steine. Stärkt weibliche Fortpflanzungsorgane, verbessert Fruchtbarkeit. Hilft bei Kreuzschmerzen, Rheuma, Arthritis, Depressionen. Unterstützt schauspielerische Ambitionen. Aktiviert untere Chakras. **Orangefarbener Karneol** wärmt und gibt Energie.
POSITION Als Anhänger oder am Gürtel tragen.

ORANGEFARBENER CALCIT
EIGENSCHAFTEN Löst Probleme, erschließt ganzes Potenzial.
Siehe auch Calcit, Seite 106.
POSITION Halten oder auf betroffene Stelle legen.

ORANGEFARBENE JADE
Siehe Jade, Seite 116.

ORANGEFARBENER ZÖLESTIN
Siehe Zölestin, Seite 110.

ORANGEFARBENER RHODOCHROSIT
Siehe Rhodochrosit, Seite 104.

FEUERACHAT
Siehe Seite 96.

BLASSBLAUE KRISTALLE

ZÖLESTIN (COELESTIN)

VORKOMMEN Großbritannien, Ägypten, Mexiko, Peru, Polen, Libyen
ERCHEINUNGSBILD Durchsichtige, pyramidenförmige Kristalle oder Ebenen
EIGENSCHAFTEN Stellt Kontakt mit Engeln und spirituellen Ebenen her. Fördert spirituelle Entwicklung, Erleuchtung, Reinheit des Herzens, Hellsehen, Traumerinnerung und Astralreisen. Beseitigt Sorgen, zieht Glück an. Hilft beim Durchdenken schwieriger Ideen. Harmonisiert. Lindert Augen- und Ohrenbeschwerden. Beseitigt Gifte, stärkt die Zellen.
POSITION Halten oder auf betroffene Stelle legen.

ANGELIT

VORKOMMEN Großbritannien, Ägypten, Mexiko, Peru, Polen, Libyen
ERSCHEINUNGSBILD Opak und oft mit Adern
EIGNSCHAFTEN Angelit ist ein Zölestin, der Millionen Jahre lang gepresst wurde; er hat viele Qualitäten mit Zölestin gemeinsam. Lindert Schmerzen, beseitigt Unordnung, macht ganz. Fördert Kontakte mit Engeln.
POSITION Halten oder auf betroffene Stelle legen.

BLAUER QUARZ

EIGENSCHAFTEN Unterstützt zwischenmenschliche Kontakte, lindert Furcht. Künstlich gefärbter blauer Quarz heißt „Aqua Aura" (siehe Bild Seite 3 und 63). Dieser reinigt die Aura.
Siehe auch Quarz, Seite 100.
POSITION Am Finger tragen.

AQUAMARIN

VORKOMMEN USA, Mexiko, Russland, Brasilien, Indien, Irland, Zimbabwe, Afghanistan
ERSCHEINUNGSBILD Klarer Kristall
EIGENSCHAFTEN Heilstein. Lindert Stress, beruhigt den Geist, schärft den Intellekt, erleichtert Kommunikation, öffnet Kehlchakra. Filtert Informationen, erleichtert die Deutung von Gefühlen. Lindert Furcht, macht empfindsam und kreativ, fördert Intuition und spirituelles Bewusstsein. Schützt die Aura, harmonisiert Chakras. Macht überkritische Menschen toleranter. Stärkt Verantwortungsbewusstsein. Lindert Drüsenschwellungen und Halsentzündung. Stärkt Ausscheidungsorgane, Leber, Milz, Nieren, Zähne, Kiefer, Augen und Magen.
POSITION Halten oder auf betroffene Stelle legen.

BLAUER STREIFENACHAT

EIGENSCHAFTEN Beruhigt, kühlt, bringt spirituelle Inspiration. Harmonisiert Chakras. Hilft bei Arthritis, Knochenschäden, Brüchen. Beseitigt Blockaden im Nervensystem, in Kapillaren und im Pankreas. Elixier heilt Gehirnflüssigkeit und hilft bei Hydrocephalus.
Siehe auch Achat, Seite 100.
POSITION Halten oder auf betroffene Stelle legen.

BLASSBLAUE KRISTALLE

BLAUER AVENTURIN

EIGENSCHAFTEN Heilt den Geist.

Siehe auch Aventurin, Seite 103.

POSITION Überall

BLAUER FLUORIT

EIGENSCHAFTEN Fördert klares Denken und klare Kommunikation. Beruhigt Energien, lindert Augenbeschwerden.

Siehe auch Fluorit, Seite 106.

POSITION Halten oder auf betroffene Stelle legen.

BLAUER TURMALIN

EIGENSCHAFTEN Aktiviert Kehlchakra und drittes Auge. Stärkt übersinnliche Fähigkeiten, fördert Visionen. Ermutigt zu Dienst am Nächsten. Stärkt Atemorgane, Immunsystem und Gehirn.

Siehe auch Turmalin, Seite 117.

POSITION Halten oder auf betroffene Stelle legen.

BLAUER CALCIT
Siehe Calcit, Seite 106.
BLAUER TÜRKIS
Siehe Türkis, Seite 113.
BLAUE JADE
Siehe Seite 116.
BLAUER OBSIDIAN
Siehe Obsidian, Seite 123.
BLAUER TURMALIN
Siehe Turmalin, Seite 117.
MOOSACHAT
Siehe Seite 98.
HELLBLAUER SAPHIR
Siehe Saphir, Seite 119.

BLAUGRÜNE KRISTALLE

CHRYSOKOLL

VORKOMMEN USA, Großbritannien, Mexiko, Chile, Peru, Zaire
ERSCHEINUNGSBILD Opak
EIGENSCHAFTEN Beruhigt, fördert Meditation und Kommunikation. Hilft, die Wahrheit zu sagen, stärkt Selbstsicherheit und Empfindsamkeit. Beruhigt Chakras und gibt ihnen neue Energie. Am Herzchakra: Heilt Kummer und steigert Liebesfähigkeit. Am Kehlchakra: Verbessert Kommunikation. Hilft zu schweigen, wenn es angebracht ist. Lindert Arthritis, Blut-, Lungen- und Knochenkrankheiten, Muskelkrämpfe, Verdauungsprobleme und Geschwüre. Regeneriert Pankreas, reguliert Insulin und Blutzuckerspiegel.
POSITION Halten oder auf betroffene Stelle legen.

BLAUGRÜNE JADE

EIGENSCHAFTEN Symbolisiert Frieden und Kontemplation. Macht gelassen, auch in verwirrenden Situationen.
Siehe auch Jade, Seite 116.
POSITION Halten oder auf betroffene Stelle legen.

LABRADORIT

VORKOMMEN Italien, Grönland, Finnland, Russland
ERSCHEINUNGSBILD Trüb, aber im Licht schimmernde blaue Blitze
EIGENSCHAFTEN Schützt, reflektiert unerwünschte Energie, verhindert Energieverlust. Harmonisiert den materiellen mit dem Ätherkörper. Hebt das Bewusstsein, bringt spirituelle Energie in den Körper. Verbindet Intellekt mit Intuition. Enthüllt das spirituelle Ziel. Hilft bei Augen- und Gehirnstörungen, lindert Stress, reguliert Stoffwechsel.
POSITION Auf dem höheren Herzchakra

BLAUGRÜNER ACHAT

ERSCHEINUNGSBILD Künstlich gefärbt
EIGENSCHAFTEN Wie die anderen Achate kann auch der blaugrüne künstlich gefärbt sein. Das verleiht ihm keine besonderen Qualitäten, nimmt ihm aber auch keine weg. Es gibt jedoch auch künstlichen Achat, der nur aus wirkungslosem Glas besteht.
Siehe Achat, Seite 100.

GRÜNE KRISTALLE

GRÜNER AVENTURIN

EIGENSCHAFTEN Aktiviert, reinigt und schützt Herzchakra. Verhindert Verlust von Herzenergie. Guter Heilstein für den Körper.

Siehe auch Aventurin, Seite 103.

POSITION Auf dem Herzchakra oder überall

GRÜNER SAPHIR

EIGENSCHAFTEN Verbessert Sehkraft und Traumerinnerung. Regt Herzchakra an, stärkt Treue.

Siehe auch Saphir, Seite 119.

POSITION Sollte den Körper oder einen Finger berühren.

GRÜNER QUARZ

EIGENSCHAFTEN Öffnet und stabilisiert Herzchakra. Beseitigt negative Energie. Fördert Kreativität, harmonisiert endokrine Drüsen.

Siehe auch Quarz, Seite 100.

POSITION Auf das Herz legen.

TURMALIN

VORKOMMEN Sri Lanka

ERSCHEINUNGSBILD Glänzend, opak, lang und gestreift oder sechseckig

EIGENSCHAFTEN Reinigt, macht dichte Energie leichter. Erdet spirituelle Energie, befreit Chakras, bildet Schutzschild. Entspannt, hilft beim Einrichten der Wirbelsäule. Harmonisiert männliche und weibliche Energie sowie rechte und linke Hirnhälfte. Zieht Inspiration, Mitgefühl, Toleranz und Wohlstand an.

Grüner Turmalin öffnet Herzchakra, stärkt Mitgefühl. Einer der besten grünen Heilsteine, harmonisierend. Wandelt negative in positive Energie um. Hilft bei Problemen mit Vaterfiguren. Unterstützt Studium der Kräuterheilkunde, heilt Pflanzen. Stärkt Augen, Herz, Thymus, Gehirn und Immunsystem. Fördert Gewichtsabnahme, reinigt und kräftigt Nervensystem. Lindert chronische Müdigkeit, verjüngt, steigert Kreativität.

POSITION Halten oder auf betroffene Stelle legen.

VARISCIT

VORKOMMEN USA, Deutschland, Österreich, Tschechien, Bolivien

ERSCHEINUNGSBILD Opak, geädert

EIGENSCHAFTEN „Stein der Ermutigung". Nützlich für Kranke und Behinderte, gibt Hoffnung und Mut. Fördert Erinnerungen an frühere Leben. Heilt Nervensystem, lindert Blähungen, verbessert Durchblutung, macht Blutgefäße elastischer. Hilft bei Impotenz.

POSITION Halten oder auf betroffene Stelle legen.

GRÜNE KRISTALLE

GRÜNER APOPHYLLIT

EIGENSCHAFTEN Aktiviert Herzchakra, fördert Offenheit. Absorbiert universelle Energie. Erleichtert Feuerlaufen.

Siehe auch Apophyllit, Seite 99.

POSITION Auf das dritte Auge legen.

GRÜNER KUNZIT

EIGENSCHAFTEN Erdet spirituelle Liebe.

Siehe auch Kunzit, Seite 104.

POSITION Halten oder auf betroffene Stelle legen.

GRÜN-ROSA KRISTALLE

UNAKIT

VORKOMMEN Südafrika

ERSCHEINUNGSBILD Gefleckt

EIGENSCHAFTEN „Stein der Vision". Stellt Gleichgewicht zwischen Gefühlen und Spiritualität her. Fördert Rebirthing, integriert Informationen aus der Vergangenheit, die Blockaden errichtet haben. Beseitigt sanft Wachstumshindernisse. Enthüllt Ursache einer Krankheit. Stärkt Fortpflanzungsorgane. Fördert Gewichtszunahme. Trägt zu gesunder Schwangerschaft bei.

POSITION Halten oder auf betroffene Stelle legen.

WASSERMELONEN-TURMALIN

ERSCHEINUNGSBILD Rosa in Grün

EIGENSCHAFTEN Hilft, Situationen zu durchschauen. Aktiviert Herzchakra und verbindet es mit höherem Selbst. Lindert seelische Probleme. Löst Konflikte.

Siehe auch Turmalin, Seite 117.

POSITION Halten oder auf betroffene Stelle legen.

GRÜNER AQUAMARIN
Siehe Aquamarin, Seite 110.

GRÜNER EISENPYRIT
Siehe Eisenpyrit, Seite 108.

GRÜNER CHRYSOKOLL
Siehe Chrysokoll, Seite 112.

GRÜNER TOPAS
Siehe Topas, Seite 97.

GRÜNER SERPENTIN
Siehe Serpentin, Seite 124.

GRÜNER MUSKOWIT
Siehe Muskowit, Seite 105.

GRÜNER LEPIDOLITH
Siehe Lepidolith, Seite 121.

GRÜNES KATZENAUGE
Siehe Katzenauge, Seite 106.

GRÜNER DIOPTAS
Siehe Dioptas, Seite 113.

GRÜNER ONYX
Siehe Onyx, Seite 124.

GRÜNER SELENIT
Siehe Selenit, Seite 99.

INDIGOBLAUE KRISTALLE

SAPHIR

VORKOMMEN Burma, Tschechien, Brasilien, Kenia, Indien

ERSCHEINUNGSBILD Heller, durchsichtiger Edelstein

EIGENSCHAFTEN Entspannt und bündelt den Intellekt, beseitigt unerwünschte Gedanken, fördert Seelenfrieden und Gelassenheit. Bringt Körper, Seele und Geist in Einklang. Hilft dem Körper, seine Aufgabe zu erfüllen. Lindert Depressionen und spirituelle Verwirrung, fördert Konzentration. Ein „Augenstein“. Beseitigt Unreinheit und Stress. Bringt Wohlstand, zieht Geschenke an, lindert Enttäuschung. Hilft bei Blutproblemen, lindert Blutungen. Stärkt Blutgefäße und macht sie elastischer. Der **indigoblaue Saphir** entfernt negative Energie aus Chakras und regt das dritte Auge an, so dass es wachstumsförderndes Wissen entdeckt. Stärkt Verantwortungsbewusstsein für Gedanken und Gefühle. Lindert Hirnstörungen, z. B. Dyslexie.

POSITION Sollte den Körper oder kleinen Finger berühren.

AZURIT

VORKOMMEN USA, Australien, Chile, Peru, Frankreich, Namibia, Russland

ERSCHEINUNGSBILD Sehr kleine, glänzende Kristalle (bei geschleuderten Kristallen nicht sichtbar)

EIGENSCHAFTEN Regt das dritte Auge an. Fördert übersinnliche Fähigkeiten, spirituelle Führung und höheres Bewusstsein. Verhilft zu klarer Einsicht, löst alte Blockaden der Kommunikation, verbessert das Gedächtnis. Bringt neue Perspektiven, erweitert den Geist. Hilft bei Arthritis und Gelenkbeschwerden, stärkt die Wirbelsäule.

POSITION An der rechten Hand tragen oder auf betroffene Stelle legen.

LAPISLAZULI

VORKOMMEN Russland, Afghanistan, Chile, Italien, USA, Ägypten

ERSCHEINUNGSBILD Opak, golden gesprenkelt

EIGENSCHAFTEN „Stein des Schutzes und der Erleuchtung“. Fördert Traumarbeit und übersinnliche Fähigkeiten. Lindert Stress schnell, bringt tiefen Frieden. Verstärkt Gedanken. Regt höhere geistige Fähigkeiten an, fördert Objektivität, Klarheit und Kreativität. Verbindet mit Geisthelfern. Harmonisiert Körper, Seele und Geist. Lindert Schmerzen und Migräne. Beseitigt Depressionen. Stärkt Atemorgane, Hals, Ausscheidungsorgane, Knochenmark, Thymus und Immunsystem. Hilft bei Schwerhörigkeit. Reinigt Blut, lindert Schlafstörungen und Schwindel.

POSITION Am Hals tragen oder auf die Stirn legen.

SODALITH

VORKOMMEN Nordamerika, Frankreich, Brasilien, Grönland, Russland, Burma, Rumänien

ERSCHEINUNGSBILD Hellblaue, dunkelblaue und weiße Flecken

EIGENSCHAFTEN Vereinigt Logik und Intuition, beseitigt Verwirrung. Fördert vernünftiges Denken, Objektivität, Wahrheit, Intuition. Hilft, Gefühle in Worte zu fassen. Beruhigt den Geist, so dass er neue Informationen empfangen kann. Sorgt für seelische Ausgeglichenheit. Fördert Gruppenarbeit. Stärkt das Immunsystem. Schützt vor Strahlung. Lindert Schlafstörungen.

POSITION Halten oder auf betroffene Stelle legen.

INDIGOBLAUE KRISTALLE

BLAUER JASPIS

EIGENSCHAFTEN Verbindet mit der spirituellen Welt. Harmonisiert Yin und Yang, stabilisiert Aura. Gibt Energie beim Fasten, heilt chronische Krankheiten. Beseitigt Mineralstoffmangel. Erleichtert Astralreisen.

Siehe auch Japis, Seite 102.

POSITION Halten oder auf betroffene Stelle legen.

BLAUER TOPAS

EIGENSCHAFTEN Stärkt Kehlchakra, fördert verbalen Ausdruck.

Siehe auch Topas, Seite 97.

POSITION Am Ringfinger tragen oder auf das Kehlchakra legen.

VIOLETTE KRISTALLE

VIOLETTER FLUORIT

EIGENSCHAFTEN Regt das dritte Auge an, würzt übersinnliche Kommunikation mit Vernunft. Lindert Krankheiten der Knochen und des Knochenmarks.

Siehe auch Fluorit, Seite 97.

POSITION Halten oder auf betroffene Stelle legen.

VIOLETTER AMETHYST

EIGENSCHAFTEN Eine hellere Varietät des purpurfarbenen Amethysts mit gleichen Eigenschaften. Wirkt auf der spirituellen Ebene.

Siehe auch Amethyst, Seite 122.

POSITION Auf alle Körperteile legen, vor allem auf das Kronenchakra.

BLAUES FALKENAUGE
Siehe Falkenauge, Seite 96.

STAHLBLAUER OBSIDIAN
Siehe Obsidian, Seite 123.

BLAUER BERYLL
Siehe Beryll, Seite 114.

BLAUER TURMALIN
Siehe Turmalin, Seite 117.

SCHWARZ-WEISSE KRISTALLE

SCHNEEFLOCKEN-OBSIDIAN

EIGENSCHAFTEN „Stein der Reinheit". Harmonisiert Körper, Seele und Geist. Deckt falsches Denken und alte Verhaltensmuster auf und beseitigt sie. Fördert Gelassenheit. Gut für Blutgefäße und Knochen.

Siehe auch Obsidian, Seite 123.

POSITION Halten oder auf betroffene Stelle legen.

SILBERGRAUE KRISTALLE

CHALCEDON

VORKOMMEN USA, Österreich, Tschechien, Island, Mexiko, Neuseeland

ERSCHEINUNGSBILD „Stein der Brüderschaft". Fördert Gruppenstabilität und Wohlwollen, lindert Feindseligkeit. Steigert körperliche Energie. Harmonisiert Körper, Seele und Geist. Lindert Selbstzweifel, fördert konstruktive Innenschau. Absorbiert negative Energie. Reinigt (auch offene Wunden). Stärkt Mutterinstinkt, steigert Milchbildung. Verbessert Resorption von Mineralien, verhindert Ablagerungen in Arterien. Lindert Demenz und Senilität.

POSITION An den Fingern, am Hals oder am Gürtel tragen oder auf betroffene Stelle legen.

HÄMATIT (BLUTSTEIN)

VORKOMMEN Großbritannien, Italien, Brasilien, Schweden, Kanada, Schweiz

ERSCHEINUNGSBILD Glänzend; silbern, wenn poliert

EIGENSCHAFTEN Erdet, schützt, harmonisiert, stärkt Selbstachtung, Willenskraft, Zuverlässigkeit, Gedächtnis und Selbstvertrauen. Fördert Konzentration und originelles Denken. Beseitigt selbst auferlegte Grenzen. Ein Yang-Stein, der Meridiane harmonisiert und negative Energie auflöst. Hilft bei rechtlichen Problemen. Gut für schüchterne Frauen. Heilt Anämie und andere Blutkrankheiten. Hilft den Nieren, Blut zu reinigen. Lindert Beinkrämpfe, Nerven- und Schlafstörungen. Hilft, Wirbelsäule einzurichten. Gut bei Knochenbrüchen.

POSITION Auf die Wurzel der Wirbelsäule legen.

PYROLUSIT

VORKOMMEN USA, Großbritannien, Brasilien, Indien

ERSCHEINUNGSBILD Auf brauner Matrix, sehr dünn, fächerförmig

EIGENSCHAFTEN Strukturiert das Leben neu. Beseitigt Störungen (auch übersinnliche). Führt zum Kern eines Problems. Verändert und stabilisiert Beziehungen. Stärkt Körper, Seele und Geist. Fördert Selbstvertrauen, Optimismus, Entschlusskraft. Lindert Bronchitis, reguliert den Kreislauf, stärkt Blutgefäße, regt Sexualität an.

POSITION Halten oder auf betroffene Stelle legen.

GRAUER CALCIT
Siehe Calcit, Seite 106.

MAGNETIT
Siehe Seite 96.

GRAUER MUSKOWIT
Siehe Muskowit, Seite 105.

SILBERGRAUER CUPRIT
Siehe Cuprit, Seite 103.

Register

Bezugsquellen, Bildnachweise und Dank

I. GROSSISTEN

Hier + Jetzt
Verlags- und Vertriebs-GmbH
Dorothea-Schlözer Weg 35
23843 Bad Oldesloe
Tel. 04531/885256
Fax 04531/84794
Dieser Grossist sendet Privatkunden auf Wunsch Händleradressen aus der Stadt/Region.

Cosmocolor Andreas Ott
Malzhügel
98544 Zella-Mehlis
Tel. 03682/46450
Fax 03682/4645-20

Marco Schreier
Mineralienhandlung GmbH
Im Osterholz 1
71636 Ludwigsburg
Tel. 07141/4412-0
Fax 07141/4412-44

FÜR PRIVATKUNDEN

Kristallstudio Irmgard Kolbe
Postfach 1147
72352 Schömberg
Tel. 07427/81132
Fax 07427/914952

Der Verlag bedankt sich bei folgenden Personen und Institutionen für die Erlaubnis, urheberrechtlich geschützte Bilder abzudrucken (*r* rechts, *l* links, *m* Mitte, *o* oben, *u* unten, *h* Hintergrund):
Simon Muncer/Earthworks (4*h*, 99*u*)
Historic Royal Palaces (8*m*)
Rex Features (9*o*, 19*h*)
Tony Stone Images (10*ul*, 24*l*,43*ul*, 50*l*, 65*or*, 80*mr*, 82*mr*, 89*or*)
Elizabeth Whiting (11*ol*)
Fortean Picture Library (28)
Mary Evans (30*u*, 44*ml*)
Telegraph Colour Library (38*or*, 42*m*, 66*or*)
Bridgeman ((41*r*)
Superstock (43*or*, 78*m*, 84*m*)
Eberhard Thiem/Lotos-Film (54 (*beide Bilder*))
Image Bank (72*ml*, 88*ul*)
Geoscience Features Picture Library (100 *ul*, 103*m*, 105*o*)
Dr. Robert Jacobs (Kirlianbilder 53)
Bildbeschaffung Polly High
Set „Kristallweisheit" (Seite 61) mit freundl. Erlaubnis von Eddison Sadd

Wir danken
Francis Annette, G. Applebee, Neil Bell, R. J. Clarke, Angela Enahoro, Patricia James, A. Ferguson, Alison Honey, Atsuo Murakami, K. Newton, Rosemary Nobbs *und* Lucianne Lasselle
für ihre Hilfe bei den Fotoarbeiten
sowie
Earthworks, Poole, England; Curiouser and Curiouser, Brighton, East Sussex, England; Kernowcraft of Perranporth, Cornwall, England; R. Holt and Co. Ltd., London, England
für die Überlassung von Requisiten.

Prozessbezogene Kompetenzen
P Problemlösen / kreativ sein; **M** Modellieren; **A** Argumentieren; **K** Kommunizieren; **D** Darstellen

Wiederholung und Vertiefung

ABC

Unser Mathe-Rap!

1

10, 100, 1 000 und eine ________,
vieles davon können wir schon.

5 · 5
2 · 8
4 · 6
3 · 8
4 · 4
7 · 6
3 · 6

2

Wir rechnen häufig mit 'nem Trick,
genannt von uns der __________.

8 · 8
7 · 9
3 · 7
6 · 4
3 · 4
6 · 6
6 · 9
8 · 3
8 · 2
8 · 9
7 · 7

3

Ob Minus, Mal, Geteilt oder Plus,
für uns ist ________ ein Hochgenuss.

5 · 0
8 · 7
9 · 8
7 · 3
6 · 3
2 · 6
4 · 9

4

Ob der Tipp für die _____ oder Zahlenfreunde,
unsere Rechentricks sind so stark wie Bäume.

2 · 9
7 · 8
9 · 9
9 · 4

0	12	16	18	21	24	25	36	42	49	54	56	63	64	72	81
R	E	I	N	H	L	M	N	O	K	B	E	A	Z	C	U

Aufgaben rechnen und im Heft zu den Ergebnissen die Buchstaben notieren.